역사학 관점에서 본 청교도 운동

Puritanic Movement in the Historical Context

김득해
Samuel D. Kim

산사나무

사랑하는 Northeast 신학대학(원)
가족 여러분들께 드립니다.

| 책을 내면서 |

    그동안 청교도에 관한 책과 논문들이 많이 출판되었는데 그중에서 1차적인 자료와 2차적인 자료들을 모아 분석해 본 결과 주관적인 해석들이 대부분이었다. 그리고 연구방법도 복잡하고 다양하다고 생각되어서 이 책에서는 주관과 개관적인 사고방식을 떠나 과거, 현재 및 미래를 통해서 관찰하는 역사(사관)학적 입장에서 검토해 보려고 노력했다. 또한 어떤 점에서 청교도가 우리의 관심거리가 되었으며 더 나아가서 청교도들이 우리에게 끼친 영향이 무엇인가를 그들의 독특한 신앙생활을 통해서 알아보고자 했다.

    일반적인 평가에 의하면 이 청교도 운동은 그리스도인으로서 청순한 삶을 살아 보려고 했던 개신교도의 한 단체에 불과하다고 볼 수 있다. 그러나 청교도가 오늘날 미국의 정치, 경제, 문화, 예술 및 종교 등 각 분야에 걸쳐 지대한 공로를 세웠고 특히 미국 독립운동의 기초를 마련한데 커다란 역할을 한 것에 대하여 미국 역사는 증명하고 있다.

    청교도 운동의 특징을 보면 다른 개신교와는 달리 어떤 형식적인 교회 제도나 규칙에 매이지 않고 자유로이 신앙생활을 하려고 노력했다는 점이다. 청교도는 오로지 초대교회의 신앙생활을 거울삼아 경건하고 순수한 삶을 살고자 하는 단체였다.

    청교도 외에도 청순한 신앙생활을 하고자 했으며 아직도 그렇게 계속하고 있는 교단이나 단체들도 많이 있다. 예를 들어 Quakers, Mennonites, Amish 등이 그 대표적인 종교단체라고 볼 수 있다. 그러나 청교도와 위의 열거한 개신교 단체들과의 차이점은 다음과 같다. 위의 개신교 단체들의 신앙생활 방식이 가능한 한 세상과 구별된 생활을 하려고 하는 것과는 달리 청교도는 오히려 세상 속에 들어가서 청순한 삶의 모범적인 역할을 하려고 노력하였다는 것이다. 그리고 청교도 운동은 오늘날 교회마다 성령의 역할을 강조하는 것과는 대조적으로 성경 말씀에 전적으로 의존하는 신앙생활이 그 특징이라고 할 수 있다.

이 책에서는 제1장에 영국성공회의 탄생 및 성공회와 청교도의 갈등을 다루었고 2장에서는 청교도의 미국 이주에 관하여, 제3장에서는 청교도 운동의 역사와 초대교회의 신앙생활을 모색하였고 제4장에서는 청교도의 교회정치, 그리고 제5장에서는 청교도의 교육정책, 제6장에서는 청교도의 국가관을 다루었다.

결론에서는 이 책의 내용을 간단히 정리하고 청교도와 오늘의 개신교와의 관계를 정리함으로 끝을 맺으려고 했다.

그리고 이 책의 마지막에 2세와 영어 회중들을 위해서 "The Puritanic Movement in the Historical Context"라는 제목으로 부록을 첨부해 놓았다.

끝으로 이 책의 출판은 물론 지금까지 12권의 책 출판을 위해 재정적으로 후원해 주신 나의 Columbia University 대학원 친구인 Charles Goodman 사장님과 이 책의 편집을 도와주신 Northeast 복음신학대학 학장 김종헌 박사님께 특별히 감사를 드린다. 그리고 인내심을 가지고 이 책의 편집은 물론 끝까지 내조를 아끼지 않은 저의 아내 이인숙 권사님과 이 책의 출판을 맡아 주신 산사나무 출판사 사장님께 아울러 감사를 드린다.

2025년 8월
김득해(Samuel Dukhae Kim)

역사학 관점에서 본 청교도 운동
(Puritanic Movement in the Historical Context)

책을 내면서 - 4

서론 - 10

제1장 영국국교회(성공회)의 탄생 - 13

    청교도와 성공회의 갈등 - 14

    헨리 8세(1491-1547) - 25

    헨리 8세의 부인들 - 27

    병약했던 아들, 에드워드 6세 - 33

    에드워드 6세의 사망 - 39

    Bloody 메리, 피의 여왕으로 불렸던 메리 1세 여왕 - 41

    영국을 일으킨 여왕, 엘리자베스 1세 여왕 - 43

    Bloody Mary(메리 1세)와 엘리자베스 1세와의 관계 - 46

제2장 Mayflower호와 청교도 - 49

   청교도의 미국 정착 - 50

제3장 청교도 운동과 초대교회의 신앙생활 - 57

   초대교회의 신앙생활을 본받은 청교도 - 58

제4장 청교도의 교회정치 - 63

   경건생활 - 64

   안식일 - 66

   신앙관 - 73

   교리 및 신조 - 87

   교회관 - 91

   교회행정 - 94

제5장 청교도의 교육정책 - 99

　가정생활 - 100

　자녀교육 - 104

　가정예배 - 111

제6장 청교도와 국가관계 - 117

　사회관 - 118

　국가관 - 120

　개혁 운동 - 122

결론 - 126

　The Puritanic Movement in the Historical Context - 144

　Puritans and Mayflower - 168

　Theology of Puritanism - 182

　Conclusion - 186

서론

서론

청교도는 본래 영국국교인 성공회의 교도들이었다. 그리고 종교개혁자 칼뱅(Calvin)의 정통주의 신앙과 신학을 선호하는 교도들이었다. 성공회가 1539년 가톨릭에서 분리되어 개신교(Protestant)의 정책을 많이 수용하였으나 형식상이었고 대부분 가톨릭의 제도나 정책을 그대로 유지하게 됨으로 이러한 정책을 처음부터 반대해 온 일부 성공회 교도들은 성공회와 정부에 대하여 본격적으로 반기를 들게 되었는데 이들은 "분리주의자"란 누명을 쓰게 되었다. 이 분리주의자들의 주동 세력이 청교도들이었다.

이 분리주의자들은 후에 둘로 갈라졌는데 일부는 영국의 성공회 교도로 그대로 남아 교회정책에 계속해서 반대해 왔고 다른 일부는 성공회의 탄압에서 벗어나기 위해서 타국으로 이주하게 되었다.

처음 청교도들은 네덜란드로, 그 후에는 미국 동부로 피난을 가서 청교도 문화와 문명을 개척하기에 이르렀다. 미국 초기의 청교도 운동은 후에 미국의 독립운동의 구심점이 되었고 원동력이 되었다. 청교도들은 오늘날의 미국 정치와 문화의 근간을 만드는 공로가 있다.

제1장

영국국교회(성공회)의 탄생

청교도와 성공회의 갈등

우리가 알고 있는 청교도가 이름 그대로 청순한 삶(Pure life)을 추구하는 기독교 집단이라는 것에 대하여 이견은 별로 없으리라고 생각된다. 그러나 청교도가 다른 개신교들의 신앙생활 양식과 조금 다른 것은 물론 더 나아가서 유대인들처럼 그들만이 하나님으로부터 특별히 선택된 백성들의 단체라고 생각할 수 있을지도 모르지만 여하튼 청교도는 신앙생활에 있어서 어떤 독특한 신비적인 요소를 갖고 있는 단체라고 보는 것이 대부분 청교도 신학자들의 견해이다.

청교도는 로마가톨릭교회의 핵심인 교황제도 중심주의로부터 영국국교회의 순결(purity)과 복음 중심주의를 추구하며 16세기에서

17세기에 활동한 개신교도들이다. 당시 영국국교회는 로마가톨릭을 떠나 왕권 하에서 형성되며 개신교의 신학을 일부 받아들이기는 했으나 로마가톨릭교회의 '제도 중심주의'를 대부분 받아들여, 부분적인 종교개혁에 그치고 말았다.

대부분의 신학자들은 청교도 신앙의 근간은 무엇보다도 종교개혁자 칼뱅의 개혁파 정통주의 신학(Reformed Theology)에서 비롯된다고 보고 있다. 그러나 청교도의 근본 신앙의 뿌리는 오로지 성경에 근거를 두고 있기 때문에 청교도들은 가능한 한 성경을 중심으로 그들의 생활을 적용시키려고 노력하고 있다고 생각된다. 그리고 청교도란 말은 그들이 부르는 이름이 아니라, 영국국교인 성공회가 청교도 신자들이 지나치게 극단적인 교리적 완벽함을 추구한다는 비아냥에서 비롯된 이름인데 "까다로운 사람들이다"라는 뜻이다. 그러므로 청교도들은 아주 비판적이며 고집불통의 사람들이고 국교에 반대하며 기만적이고 위선적인 작당들이라는 불명예스러운 사람들로 천대를 받았다.

청교도들은 영국 종교개혁이 로마교회의 제도주의가 남아 있는 불완전한 개혁이었다고 평가하여, 영국성공회가 완전히 로마가톨릭교회의 잔재를 철폐하도록 압력을 가하기 시작했다. 이들은 도덕적인 순수성을 추구하여 낭비와 사치를 배격하고, 근면을 강조하였으므로 영국의 중산층을 형성하였다. 또한 신학적으로는 인위적 권위와 전통을 인정하지 않고, 성경에 철저하고자 한 전통 복음주의이며 성서주의적인 입장을 취하고 있었다.

물론 중세교회 안에서도 선구자들의 종교개혁이 있었듯이 성공회 탄생 이전에 영국 내에도 종교개혁 운동이 없었던 것은 아니다. 그러나 이 선구자들의 목표는 순수한 종교개혁이 아닌 정치적인 종교개혁이었다고 볼 수 있다.

기독교 역사적인 면에서 볼 때 영국의 종교개혁은 1534년 헨리 8세가 개인적이며 정치적인 이유에서 잉글랜드의 교회를 로마가톨릭교회로부터 결별시킨다고 선언함으로써 시작되었다. 1527년 헨리 8세의 이혼(혼인무효) 문제로 촉발된 교황과의 갈등으로 1533년 잉글랜드가 종교개혁을 선포하면서 로마가톨릭과 결별의 길을 걷게 된다. 스스로 잉글랜드 교회의 수장이 된 헨리 8세는 1533년에 첫 번째 왕비 캐서린과 이혼을 한 후 앤 볼린과 재혼했다. 교황 클레멘스 7세가 헨리 8세를 파문하자, 영국은 1534년의 수장령(首長令, Acts of Supremacy)을 발표하여 로마교황의 지배를 받지 않고 국왕 자신이 영국교회의 최고 우두머리로 지칭하도록 법을 개정하였다.

수장령 또는 수장법은 1534년 영국 왕 헨리 8세가 로마 교황청과의 관계를 단절하고 영국교회를 관리하는 모든 권한이 국왕에게 있음을 선포한 법령이다. 이 법에 따라 기독교 역사에서 성공회의 시초가 마련되었다.

1534년 11월 3일, 마침내 수장령이 구체적으로 법령화되어 선포되었다. 이 법은 한 번에 만들어진 것이 아니라 1529년부터 1536년까지 7차례에 걸쳐 소집된 의회를 거치면서 여러 법령들을 통해 이루어진 것이다. 수장령의 내용은 다음과 같다.

첫째, 교회의 모든 권한은 왕에게 귀속되며, 왕이 모든 교회의 관할권을 가지고, 교황칙서에 대한 거부권도 왕이 행사한다. 둘째, 교황권에 의해 부당하게 빼앗긴 영국교회의 모든 권리도 당연히 왕에게 귀속된다. 셋째, 교황에 의해 집행되어 온 모든 행정 관리권도 영국교회로 이전되어야 하며, 교회나 국가의 모든 회의도 왕에 의해 관장되어야 하고, 왕이 성직을 주고 박탈할 수 있으며 주교도 왕이 임명한다.

왕권에 거역하고 수장령을 비롯한 각종 법령을 준수하지 않는 자나 국왕을 교회 분열주의자라고 비난하는 자는 누구든지 대역죄인으로 간주하여 처벌한다고 선포하는 반역자법(Treasons Act)을 제정 선포하여 쐐기를 박았다.

수장령에 따라 로마가톨릭교회와 결별 이후 종교개혁 운동이 탄력을 받기 시작하였으며, 성상 파괴, 순례의 폐지, 성인숭배 폐지 등이 실시되었다. 그러나 영국성공회는 진정한 의미에 개신교가 아니었으며, 헨리 8세가 신봉하는 믿음도 가톨릭 그 자체라고 해도 과언이 아니다. 그러나 헨리 8세는 영국에 있는 충실한 가톨릭 신자들을 회유하여 저항하지 못하도록 하기 위해서 1539년 성공회로 하여금 6개의 신조를 발표하게 해서 영국 국가 교회인 성공회가 가톨릭 교회적인 성격을 유지하도록 하였다.

1559년, 잉글랜드 의회는 엘리자베스 1세 여왕을 '믿음의 옹호자'로 받들어 왕위지상령을 채택하고, 반대로 개신교적인 법을 폐지했다. 그러나 엘리자베스 1세는 "억지로 창문을 열수 없는 것처럼, 종교문제도 강제로 해결할 수 없다"라고 판단하여 개신교와 로마가톨릭이 공존할 수 있는 중도적인 종교정책을 지향하였다. 개신교와 가톨릭 간의 종교분쟁을 피하기 위해 타협안을 만들었는데, 의식은 가톨릭을 따르되 교리는 칼뱅주의를 받아들인다는 것이었다. 엘리자베스 1세는 종교적인 문제를 정치적으로 풀어나가고자 했다. 또한 당시 캔터베리 대주교인 매슈 파커는 영국성공회 39개조 신앙고백을 제정, 영국성공회의 신앙을 고백했다. 그러나 타협안에 반대하며 급진 개혁을 추구했던 청교도는 중도노선을 지향하는 성공회와 갈등하기 시작했다.

1603년 제임스 1세가 즉위하자 청교도들은 종교개혁에 대해 큰 기대를 품었다. 그가 스코틀랜드의 장로교 신자로 교육받으며 성장했기 때문이다. 그러나 제임스 1세는 왕권신수설(왕권은 하나님이 주었다는 설) 신봉자로서 통치행위에 유리한 영국성공회를 강력히 지지하였고 청교도들은 이에 실망하게 되었다. 아울러 엄격한 계율 준수와 급진적인 개혁을 추구한 청교도들은 성공회와 많은 갈등을 야기했기 때문에 종교적 박해가 이어졌다. 결국 잉글랜드에서는 더 이상 개혁을 기대할 수 없다고 판단한 청교도들은 순수하고 자유로운 신앙생활 추구할 수밖에 없었다.

사실상 영국국교회는 국왕을 중심으로 전 국민을 통합하고자 하는 것이 본래의 목적이었다. 개신교를 근본으로 하되 가톨릭과 개혁교회 교리가 섞여 있는 중립 노선이다.

청교도는 영국국교회 교인 중 교회가 가톨릭 전통을 줄이고 개혁교회에 가까워지길 바라는 사람들이었다. 청교도는 성경 중심, 금욕주의, 칼뱅주의, 국가교회, 반가톨릭 성향을 가지고 있었다. 성공회 수장인 영국 국왕의 탄압으로 일부 청교도가 종교의 자유를 찾아 북아메리카로 이주하였는데 그들은 사실상 잉글랜드 국교회 교인이자 국가교회주의자로서 잉글랜드 국교회가 개혁교회로 변하길 바랐던 사람들로서 본래는 영국을 떠나는 것을 계획했던 사람들은 아니었다.

사실상 북아메리카로 떠난 사람들은 청교도 중에서 국가교회를 부정하고 자유교회를 주장한 소수파이다. 이들은 국가와 종교를 분리해야 한다고 주장하다가 영국에서 탄압받았다. 이들은 잉글랜드에서 개혁이 불가능하다 판단하고 아예 새로운 땅으로 이주하였는데 이들이 미국의 청교도의 시초이다.

미국에 이주한 청교도들은 처음부터 금욕주의자였다. 자신의 자녀들도 대대손손 금욕주의, 미국을 청교도 정신 국가로 만들려고 했다. 미국에 이주한 청교도들의 후손들이 후에 회중교회(Congregational Church)와 침례교회(Baptist Church)를 창설하는 원동력이 되었다.

영국에서는 가톨릭 성향이 강한 왕이 즉위하면 성공회 내에서 개혁주의 교인을 탄압했다. 개혁교회 성향이 강한 성공회 신자들은 성공회 내에서 가톨릭 미사, 복장, 7성사 등을 수정하고자 하였다. 이들은 몇 시간씩 걸리는 예배 시간을 줄이고, 복장도 가톨릭 복장을 입지 않을 것을 주장했다.

헨리 8세 사망 후 에드워드 6세, 메리 1세 치하에서 개신교는 존중과 박해를 한 번씩 겪으면서 영국국교회 안에서 종교적 갈등이 격화되었다. 엘리자베스 1세는 청교도들이 원했던 개혁주의 성향 신도들의 손을 들어주지 않고 당시 강대국인 스페인의 눈치와 가톨릭 성향 신자들을 배려하여 중도적인 노선을 취했다. 영국국교회 내 가톨릭 전통에도 그다지 손을 대지 않았다. 개혁주의 교인들은 엘리자베스 1세 시기 왕권이 강력한데다가 메리 1세 시기 탄압받던 처지보다는 나았기 때문에 대놓고 불만을 드러내진 않았다.

결정적인 영향을 끼친 것은 엘리자베스 1세 사후 제임스 1세 때였다. 제임스 1세는 스코틀랜드 국왕 시절 스코틀랜드 국교가 된 칼뱅주의 교육을 받았고, 지지했다. 하지만 영국 국왕이 된 후 입장이 조금 미묘해졌다. 영국국가교회에서 왕이 주교를 임명하는 권한이 주어졌기 때문이다. 스코틀랜드 개혁교회처럼 영국국교회가 변할 것이라고 생각한 청교도인들은 매우 실망했다.

1603년 4월 제임스 1세는 청교도 성향 영국교회 목사 1,000명이 서명한 천인청원(Millenary Petition)을 받게 되는데 일단 청교도들은 왕과 국가에 충성함을 강조하는 동시에 영국국교회의 관습에 대한 개혁을 촉구했다. 그러나 제임스 1세는 교리 상 칼뱅주의에 기울긴 했지만 급격한 개혁으로 긁어 부스럼을 만들려고 하지 않았다. 무엇보다 청교도들의 정치관이 마음에 들지 않았기 때문이다.

그러던 시기에 때마침 가톨릭 극단주의자들이 저지른 영국 국회의사당 화약 폭파 음모로 영국 내 가톨릭의 입지가 위태로워지자, 청교도들은 이 기회에 대대적인 가톨릭 탄압을 통해 영국 내에서 가톨릭의 영향력을 뿌리 뽑길 바랐다. 하지만 제임스 1세는 선대 메리 1세 시대의 막장극을 자기 대에 되풀이해서 좋을 게 없다는 현실적인 판단에서 음모에 직접 가담한 자들의 처벌과 성공회의 입지 확대만을 꾀하는 정도로 마무리 지으려 했다. 제임스 입장에선 가톨릭을 탄압해 봤자 이미 정치적으로 가톨릭 세력은 많이 남지 않았고 과격해진 청교도들의 입장만 대변하다간 왕이 바지저고리 신세로 전락할 여지도 있었기 때문이었다.

제임스 1세는 점차로 청교도식 예배를 금하는 법을 시작하려 하였으나 제임스 1세의 소망과는 달리 당시 영국의 나랏일은 청교도의 협조 없이는 진행하기 어려웠다. 헨리 8세 시기 상공업을 기반으로 힘을 쌓은 납세자 중 상당수가 대륙에서 전래된 개혁신학을 받아들였고 이들이 법조계와 학계·정계에 많이 진출한 결과 이 분야에서 청교도들의 세력이 상당했기 때문이었다. 청교도 법학자들이 주장하는 왕권은 주님의 법 아래에서만 효력이 있다는 생각이 왕권신수설을 침해한다고 여긴 제임스 1세에겐 심히 불쾌했으나 청교도 법률가나 신학자들에겐 너무나도 당연한 생각이었다.

반면 제임스 1세의 바람대로 중용을 지키는 충실한 신하인 영국국교회(성공회의 전신)에 충성을 바치는 신도들은 많지 않았다. 통계적으로 영국국교회 신도 수가 적은 것이 아니라, 영국교회와 왕의 입장을 지지하는 사람들은 주로 종교에 관심이 없던 현실주의자였다고 보면 된다. 따라서 개혁신학의 이데올로기로 무장한 청교도가 숫자는 적었지만 제임스 1세와 그 후 스튜어트 왕가 시절까지 왕당파에 대한 강력한 반대 세력으로 대두되었다.

이러한 배경 속에 청교도 신분으로 박해를 피해 미국에 건너간 메이플라워호의 사람들도 처음에는 영국 국민으로서 근왕적인 태도를 취했다. "제임스 폐하의 충성스러운 신하들…" 이런 식으로 자신들은 왕권에 반대하는 반란 세력이 아님을 분명히 했다. 왕권은 주님의 법 아래 있는 존재라는 것이지 왕권 자체를 부정하지는 않았다. 그러나 이런 사상 역시도 당시 왕권신수설을 신봉하던 스튜어트 왕가 군주들의 기준으로는 충분히 왕권에 위협이 된다고 보았다.

청교도들은 찰스 1세 시절에도 탄압을 받았다. 영국국교회 캔터베리 대주교 윌리엄 로드의 종교 정책을 비판하면 종교재판소에 끌려가 코와 귀가 잘리는 형벌을 받게 되어서 원성이 높았다. 또한 1660년 일부 청교도들은 정치적 보복을 피해 네덜란드 등 대륙으로 망명했다. 이들은 영국국교회 내에서의 개혁을 포기하고 새로운 교회를 설립하여 독립하려는 취지였다.

청교도 주류는 영국 내에서 소수파였음에도, 상공계급에서는 상당수를 차지했기에 의회에서 큰 영향력을 가질 수 있었고, 이에 계속 영국에 잔류하며 반국왕 운동을 주도했다. 성공회가 가톨릭에 애매모호한 태도를 취할 때 청교도는 지속적으로 내전에서 의회파를 지지했고, 청교도는 점차로 의회에서 유력해졌다.

결국 청교도의 시대는 1660년 찰스 2세의 복위로 막을 내리고, 대대적인 역공으로 많은 청교도 지도자들이 실각하고 청교도는 거의 소멸했다. 그들이 정치적으로 다시 복권의 단계를 밟은 건 1688년 명예혁명 때였으나, 이 시기부터는 이미 국교회(성공회) 우위의 상황이 유지되었기에 청교도는 이미 그들의 입지가 좁아질 수밖에 없었다.

헨리 8세(1491-1547)

　성공회를 창설한 헨리 8세에 대하여 역사학자나 신학자들은 여러 가지 견해를 피력하고 있다. 역사학자들은 헨리 8세를 세계의 역사를 바꾸어 놓은 왕으로서 여러 가지의 소문과 음모에도 불구하고 영국을 대영제국의 기틀을 마련한 왕으로 묘사하고 있다. 신학자들은 약 1,000여 년이나 지속되어 왔던 로마 교황의 지배에서 벗어나 성공회를 독립적인 국교로 만들어 가톨릭과 대항하면서 엄청난 계획과 통치를 통해서 영국을 세계에 빛나게 하는 역할을 하였다고 보고 있다. 그러나 아직도 헨리 8세에 대한 정확한 행적은 학자들마다 의견이 분분한 상태이다.

일부학자들에 의하면 헨리 8세는 6명의 부인과 수많은 시녀들을 이용해서 자기의 정욕을 채우려는 난폭한 왕이었다고 표현하는 반면 다른 학자들은 헨리 8세가 단순히 자기의 정치적인 욕망을 충족시키기 위해서 모든 행동을 정략적으로 이용했고 당시에 유럽에서 유행했던 남존여비의 사상을 받들어 자기의 후사를 이을 왕으로 여자가 아니라 왕자를 얻기 위해서 여섯 부인을 이용했다고 보는 견해가 상당히 주목을 받고 있다.

실제로 헨리 8세가 여섯 부인을 다루는 모습은 비록 정략적이라고 할 수 있을지 모르나 상당이 잔혹하고 동정심이 없는 행동이라고 볼 수 있다. 헨리 8세가 바람기로 여러 왕비를 갈아 치웠다고 보기보다는 당시에 프랑스에서 유행하던 것처럼 왕이 여러 여인을 거느리는 것이 하나의 궁중 관습으로 받아들여졌다고 볼 수도 있다.

헨리 8세는 공식적으로 여섯 부인을 맞이했다. 영국 역사에서 후세에 가장 많은 이야기를 남긴 파란만장한 왕이 바로 헨리 8세라는 생각에 대부분의 영국 사람들은 반대하지 않는다. 평생 여섯 명의 왕비를 두었고 결혼과 이혼 문제로 종교개혁까지 단행한 것은 물론 두 왕비와 여러 공신을 처형한 잔학무도했던 헨리 8세에 관한 기록은 영국 및 세계 역사에 어떻게 남게 될지 궁금할 수밖에 없다.

헨리 8세의 부인들

첫 번째 부인 캐서린 아라곤(결혼 기간 : 1509-1533)

 아라곤과 카스틸랴 왕국의 공주였던 캐서린은 헨리의 형 아서와 결혼하지만 아서 왕자는 결혼 5개월 만에 요절하게 된다. 그때 캐서린의 나이는 겨우 17살이었고 그녀의 시아버지인 헨리 7세는 어린 며느리를 고국에 돌려보내지 않기로 하고 홀대한다. 헨리 왕자는 캐서린을 외국에서 온 공주로써, 또 형과 결혼한 형수로써 또 가엽게도 과부가 된 캐서린의 모습으로써 11살 때부터 가깝게 지켜봤다. 아마도 한 궁에서 자라면서 연민이나 깊은 애정이 자리 잡지 않았나 싶은 생각이 든다. 그렇지 않고는 형수와 결혼하겠다고 결심하기 힘들었을 테고 결혼하고도 20년을 함께 살 수 없었을 것이다. 헨리 왕자는 부왕 헨리 7세의 뒤를 이어 헨리 8세로 즉위하면서 18세의 헨리와 24세의 캐서린은 결혼한다. 그녀가 아라곤의 공주였기 때문에 정략결혼을 한 것이기도 했겠지만 헨리와 캐서린은 어린 시절 함께 보내면서 서로를 잘 알았다. 그래서 연인이나 정열적은 사랑은 아니었지만 협력자와 같은 좋은 관계였다. 그 후로 20년 이상 헨리 8세와 캐서린은 무난한 결혼생활을 한다. 하지만 헨리 8세는 아들에 대한 열망이 컸고 캐서린인에게는 더 이상 아들을 기대하기 어렵게 되자 헨리 8세는 캐서린에게서 마음이 떠나게 된다. 결국 이혼을 하게 되고 3년 후 캐서린은 병으로 사망하게 된다. 캐서린과 헨리 8세 사이에는 딸 메리가 있었고 메리는 훗날 메리 1세의 여왕이 된다.

두 번째 부인 앤 불린(결혼 기간 : 1533-1536)

앤 불린이 태어난 해에 대해서는 1500년 설부터 1507년 설까지 여러 가지 설이 있다. 그녀는 캐서린의 왕비의 시녀로 눈은 아름다웠지만 대단한 미인은 아니었다고 전해지고 있다. 헨리는 그녀의 도도한 매력에 빠져들었고 정열적으로 앤을 사랑했다고 한다. 캐서린 왕비에게서 왕자를 얻지 못하자 헨리는 왕비와 이혼하고 앤 불린과 결혼을 감행하게 된다. 형수와 결혼했었다는 것을 이유로 결혼무효를 주장하지만 교황청은 받아들이지 않았다. 헨리는 앤과 결혼하기 위해 교황청과 관계를 끊음으로 종교개혁을 단행하게 된다. 이것으로 영국국교회가 탄생하게 된다. 앤 불린은 1533년 1월 헨리와 결혼하고 1533년 가을 엘리자베스 공주가 태어난다. 엘리자베스는 훗날 영국을 반석에 올려놓은 군주 엘리자베스 1세 여왕이 된다. 하지만 헨리 8세는 왕자가 아닌 공주의 출생으로 무척 실망하게 되고 다음 해에는 유산 그리고 1536년 1월 앤이 왕자를 사산하자 헨리의 애정은 싸늘하게 식는다. 앤에게서도 아들을 얻지 못할 것 같다고 생각한 헨리는 앤 불린과의 이혼을 계획하지만 앤이 순순히 이혼해 주지 않자 그로부터 넉 달이 지나지 않아 1536년 앤 불린에게 간통의 누명을 씌워 처형시키게 된다. 그게 앤 불린을 "천일의 앤"으로 불리게 한 3년간의 결혼 생활의 결말이다.

세 번째 부인 제인 세이모어(결혼 기간 : 1536-1537)

제인 세이모어는 그다지 아름다운 여인이 아니었다. 헨리 8세는 앤 불린의 시녀였던 제인 세이모어에게 홀딱 반해서 그녀와 결혼하기 위해 앤 불린에게 간통의 누명을 씌워 처형하게 된다. 앤 불린에 대한 열정만큼 제인 세이모어에 대한 사랑도 뜨거웠고 앤 불린이 캐서린의 가슴을 찢었듯, 제인 세이모어는 앤 불린의 가슴을 찢었다. 헨리 8세는 첫 아내 캐서린에게도 두 번째 아내 앤 불린도 낳지 못하던 아들을 제인 세이모어는 1537년 헨리에게 안겨 주었다. 제인은 그토록 열망하던 아들 에드워드를 헨리에게 안겨 주었지만 산후 후유증으로 에드워드를 낳은 지 열흘이 되지 않아 세상을 떠나게 된다. 제인 세이모어의 아들이 훗날 영국의 국왕 에드워드 6세가 된다.

네 번째 부인 클레브스의 앤(결혼 기간 : 1540년 1월-7월)

헨리 8세는 넷째 부인을 맞이할 때 전과는 달리 매우 신중한 모습을 보였고 특히 네 번째 부인의 외모에 상당히 관심을 가진 것 같았다. 그래서 유명한 화가를 보내서 그녀의 초상화를 그려 오도록 했다. 화가는 헨리 8세에게 그녀가 아주 아름답다고 해서 곧 결혼하게 되었다. 그러나 실물은 아주 딴판으로 못생겨서 결혼한 지 반년도 안 되어서 파경을 맞게 되고 이 여인을 추천한 화가를 처형하려고 했을 때 화가는 생김새보다 그 마음이 아름다워서 추천하게 되었다고 해서 겨우 처형은 면하게 되었다. 클레브스 공작의 누이였던 앤은 독일과의 우호관계를 위한 정략결혼 상대였다. 하지만 만나기 전에 들은 소문이나 보았던 아름다운 초상화와 다른 외모의 앤에게 헨리는 처음부터 매력을 느끼지 못했고 1월에 결혼한 앤과 그해 7월에 이혼하게 되었다. 아마도 앤은 무시당하다가 몇 달 만에 이혼당하는 비참한 운명이 오히려 다른 부인들처럼 처형되는 것보다는 나을지도 모른다. 결국 클레브스의 앤은 헨리 8세의 아내들 중 가장 장수했다고 전해진다.

다섯 번째 부인 캐서린 하워드(결혼 기간 : 1540-1542)

　헨리 8세는 클레브스 앤과 이혼한 직후 캐서린 하워드라는 19세의 어린 소녀에게 반해 재혼한다. 헨리 8세는 격정적이고 정열적인 성격의 소유자였다. 비록 노후였지만 어린 신부인 캐서린 하워드에게 상당히 매혹되어 적극적으로 구애했고 어느 젊은이 못지않게 사랑을 갈구하고 빠져들었다. 19살의 어린 나이로 헨리와 결혼한 캐서린 하워드는 29세나 연상이었던 헨리에게 무척 사랑받지만 캐서린은 시종이나 악사 및 조카 등 여러 남자들과 불륜을 거듭했고 결혼 전의 문란했던 관계까지 드러나면서 1541년 런던탑에 유폐되었다가 1542년 2월 22살의 어린 나이로 참수형을 당한다. 그녀의 과거를 알기 전만 해도 왕은 그녀를 보석처럼 아꼈다고 전해지고 있다. 사랑했던 어린 아내의 문란한 행실은 왕에게는 치욕이자 커다란 상처였다. 아마 헨리 8세는 앤 불린에게 간통의 누명을 씌웠던 죗값이라 생각했을지도 모르겠다.

여섯 번째 부인 캐서린 파(결혼기간 : 1543-1547)

1543년 7월 31세로 헨리의 여섯 번째 아내가 된 캐서린 파는 헨리와의 결혼이 초혼이 아니었다. 1529년 어린 나이에 첫 남편을 잃고, 두 번째 남편 역시 헨리와 재혼하기 전 해인 1542년 잃었고 두 번째 결혼해서 두 번 과부가 되었던 기구한 운명의 여인인 그녀는 헨리의 건강을 세심하게 챙기고 헨리의 아이들도 따뜻하게 돌보는 편안한 휴식 같은 아내였다고 전해지고 있다.

1547년 1월 헨리 8세가 죽은 후 캐서린 파는 제인 세이모어의 남동생과 결혼한다. 왜 하필이면 제인 세이모어의 남동생일까 하는 생각이 들 수도 있다. 헨리의 뒤를 이어 왕위에 오른 에드워드 왕자가 바로 제인 세이모어의 아들이기 때문이다. 에드워드가 5살일 때 왕비가 되어 왕자를 보살펴 온 케서린 파는 에드워드를 자식처럼 여겼던 모양이다. 그래서 에드워드가 9살의 나이에 왕위에 즉위하자 외삼촌인 토마스 세이모어와 결혼해서 어린 왕 에드워드 6세에게 도움이 되도록 하고자 했을 거라고 생각된다. 하지만 결혼 다음해인 1548년 8월 캐서린 파는 토마스 세이모어의 딸을 낳고 난산으로 인해 그로부터 며칠이 지나지 않는 1548년 9월에 세상을 떠난다.

병약했던 아들, 에드워드 6세

　에드워드 6세는 아버지인 헨리 8세로부터 선천성 매독이 유전되어 어릴 때부터 건강이 좋지 않아 매우 병약했다고 한다. 그러나 남달리 지성이 높고 이해력이 좋아 라틴어, 그리스어, 프랑스어를 유창하게 구사할 줄 알았으며 신학에 대한 조예가 깊었다. 헨리 8세가 죽자 9살의 나이에 즉위해서 15살의 나이에 병사하고 말았다. 역사가들은 에드워드 6세와 메리 1세까지의 10년 기간을 영국 역사상 가장 황폐했던 연대로 평가하고 있다. 그의 치세에는 예배 통일법 제정과 공통 기도서 발포 등에 의해 영국교회의 가톨릭화가 진행되었고 한다. 훗날 마크 트웨인 작품 『왕자와 거지』의 주인공으로 설정되기도 한다.

헨리 8세가 사망하자 그의 외아들 에드워드는 아버지를 이어 1547년 1월 왕위에 올랐다. 그는 1537년 10월 12일생이었으므로 그의 나이 꼭 아홉 살 때 왕위에 오른 것이다. 이때로부터 그는 1553년까지 꼭 6년간 재임하였다. 어릴 때부터 병약했던 그는 1553년 그의 나이 16세 때 사망함으로 그의 통치는 길지 못했다. 그러나 그는 매우 진지하고도 사려 깊은 조숙한 어린이였으며 분별력과 판단력의 소유자였다. 그의 통치 기간 중에 많은 분야에 개혁이 이루어졌으므로 개혁자들은 그를 '어린 요시아' 혹은 '새로운 요시아(New Josiah)'라고 부르기도 했다. 그는 사실상 영국 역사상 최초의 개신교 군주였다고 할 수 있다.

에드워드 6세가 어린 나이에 왕위에 올랐으므로 그의 어머니 제인 세이모어(Jane Seymour)의 동생, 곧 그의 외삼촌인 서머셋 공(Duke of Somerset) 에드워드 세이모어(Edward Seymour, 1506-1552)가 1549년까지 2년간 섭정을 담당하게 되었다. 그러나 이때 교회 개혁을 주도한 실제적 인물은 캔터버리 대주교였던 토마스 크랜머였다. 그는 확신 있는 개신교도였고 영국교회를 개혁하는데 진력하였다.

이 시기의 개혁은 1539년에 작성된 '6개 조항법'('6개 신조'라고도 불림)을 폐지하는 일로부터 시작되었다. 이 법은 화체설, 성직자의 독신, 청빈의 서약, 사적 미사, 고해성사, 성찬 시 떡만 주는 것 등을 그 내용으로 하고 있어 가톨릭적 입장을 강하게 반영하고 있었다. 그러나 이 법은 에드워드가 왕위에 오른 1547년 폐지되므로 친프로테스탄트적 개혁이 시작되었다. 이제 신자들에게 떡만이 아니라 잔이 허락되었고, 기부금을 낸 사람들을 위한 사적 미사가 폐지되었고 성직자의 결혼이 인정되었다. 이 당시 개혁을 반대하던 성직자들은 모두 해임되었고 그리고 그 공석에 복음주의적 신앙을 가진 인사들이 임명되었다.

이 시기의 또 하나의 커다란 개혁은 예배의 개혁이었다. 예배란 신앙과 신학에 대한 표현이므로 교회 개혁의 가장 중요한 부분이 아닐 수 없다. 예배의 개혁은 몇 가지 측면에서 추진되었는데, 1548년 3월 8일 '성찬조례(Order of Communion)'가 발표되어 라틴어로 진행되던 미사에 영어적 요소가 삽입되었다. 이 해에는 교회당 내부에 있던 성상들의 철거가 요구되었다. 이때의 무엇보다도 중요한 변화는 예배모범이라고 할 수 있는 기도서의 작성이었다. 크랜머가 중심이 되어 작성된 '공동 기도서(The Book of Common Prayer)'는 1549년 1월 의회에 의해 승인되었고 그해 6월 9일 성령 강림절 때부터 사용되기 시작하였다. 이 기도서는 어느 정도의 개혁은 반영하되 가톨릭 측의 불필요한 비난을 피하려는 선에서 조심스럽게 작성된 것이었다. 특히 성만찬에 관해서는 취리히나 제네바의 개혁자들의 입장을 수용하면서도, 화체설이라는 표현은 피하되 가톨릭적 입장을 어느 정도 유지한 모호한 점이 있었다. 이런 점에서 이 기도서는 타협의 열매였다. 이와 관련하여 마르틴 부쩌는 매우 비판적이었다. 그러나 한 가지 큰 변화는 이 기도서가 영어로 작성되어 영국인들이 처음으로 자기들의 말로 된 예배 의식을 갖게 되었다는 점이다. 이 기도서는 모든 교회에서 사용되도록 '통일령(Act of Uniformity)'에 의해서 의무화되었고 기도서에 대한 비판은 금지되었다.

개혁은 신중하게 추진되었으나 1549년 7월 이후 영국의 여러 곳에서 폭동이 일어났다. 이들은 '옛 종교'로 돌아가기를 요구하고 영어로 된 공동기도서에 대해 불만을 표시하기도 했으나 이 반란은 사실 종교적이라기보다는 정치적 혹은 사회적 성격이 강했다. 인기가 있던 에드워드 세이모어 공을 1522년 1월 22일 처형하고 다들리 자신이 섭정 추밀원의 의장이 되어 세이모어 공보다 더 철저한 개혁을 추진해 갔다.

여기서 한 가지 생각해 볼 것이 있다. 다들리가 정말 교회 개혁에 대한 신념을 가졌던 사람이었는가 하는 점이다. 사실은 그렇지 못했다. 그는 종교적 확신도 건실한 양심도 없었다고 할 수 있다. 그가 서머셋 공을 권력으로부터 제거할 무렵 가톨릭 측의 지지를 요구하는 조건으로 '옛 신앙'의 회복을 약속했었다. 그러나 권력을 잡은 후 그는 이 약속을 지키지 않았다. 그것은 아마도 가톨릭으로 복귀할 경우 옛 귀족 계급과 보수적 주교들의 정치적 간섭을 우려한 것이 아닌가 추측된다. 말하자면 그는 자신의 이해관계 때문에 종교개혁 쪽을 선택했고 그 이해관계 때문에 이전 시대보다 더 철저하게 개혁을 추진했던 것이다.

존 다들리, 곧 노섬벌런드 공의 섭정 하에서도 개혁은 크랜머의 주도하에 이루어져 갔다. 이제 이 당시의 중요한 세 가지 개혁에 대해 언급해 보고자 한다.

첫째로 1550년 5월 크랜머에 의해 새로운 '성직 수임례(ordinal)'가 제정되었다. 이 문서에서는 목사의 임무가 "회중들 가운데서 하나님의 말씀을 설교하고 성례를 집행하는 자"로 정의되었다. 즉 이제 목사는 희생제사를 집례하는 사제(priest)가 아니라 하나님의 말씀의 종이며 성례를 집행하는 자(minister)였다. 이것은 가톨릭적 사제주의로부터의 신학적 개혁이었고 예배의 개혁이었다.

둘째로 '공동 기도서'의 개정이었다. 1549년의 제1기도서에는 가톨릭적 요소가 여전히 남아 있었고 따라서 비판이 적지 않았으나 1552년 개정, 공포된 '제2기도서'에서는 명백하게 대륙적 개신교의 특징이 나타나 있다. 예를 들면 미사의 성격을 규정하는 신학적 원칙들과 함께 '미사'라는 단어가 삭제되었고, 성찬 용어들은 감사와 기념을 강조하였고, 제단(祭壇)은 성찬대로 대치되었다. 죽은 자를 위한 기도와 중세적인 예복도 폐지되었다. 오직 중백의(中白依, surplice)의 사용만 허락되었다. 이 제2기도서에는 마르틴 부쩌의 제안이 상당히 반영되었다. 이 기도서는 1552년 3월 의회를 통과한 '제2통일령'에 의해 승인되었고 모든 교회가 이 기도서를 사용하도록 요구되었다. 에드워드 6세 치하에서 공포된 이 기도서는 기본 골격이 그대로 유지된 채 오늘날에까지 영국교회의 기도서로 사용되고 있다.

셋째로 신앙고백서의 작성이었다. 이 신앙고백은 개신교적인 성격을 보다 분명히 보여주고 있는데, 1553년 6월 '42개조(Forty-two Articles of Religion)'라는 이름으로 공포되었다. 이 기도서는 크랜머에 의해 리들리와 존 낙스와 같은 신학자들의 도움으로 작성되었는데 성상, 성골숭배, 성자숭배, 면죄부, 연옥 등은 "하나님의 말씀에 위배되는 것"으로 규정되었다. 또 화체설, 성찬식에서의 남은 것들에 대한 숭배, 영국교회에 대한 교황의 재판권 등이 거부되었다. 특히 이 '42개조'에서는 예정론이 강조되고 성찬에서의 칼뱅의 견해가 반영되어 칼뱅주의적 성격을 띠게 되었다.

에드워드 6세의 사망

　병약했던 에드워드 6세는 1553년 7월 6일 세상을 떠났다. 그의 나이 겨우 16세 때였고 그가 새로운 신앙고백서를 공포한 지 한 달 후였다. 그의 죽음은 커다란 비극이었다. 왜냐하면 당시 유럽이나 영국에서는 통치자의 종교에 따라서 그 나라의 종교가 결정되는 것이 당연시되고 있었기 때문이다. 에드워드가 병상에 눕게 되고 죽음이 가까운 것을 안 섭정 노섬벌런드 공은 헨리 7세의 증손녀가 되는 제인 그레이(Jane Grey)를 후보자로 내세우고 자기 아들과 결혼하도록 꾸몄다. 말하자면 자기 며느리를 다음 군주로 내세워 자신의 집권을 연장하려고 했던 것이다. 에드워드 6세가 임종 시에 제인 그레이에게 왕위를 계승하게 하겠다는 유언장에 서명하도록까지 하였으나 이 일은 성사되지 못했다. 런던으로 의기양양하게 입성한 노섬벌런드는 제인 그레이를 여왕으로 선포하였으나 메리(Mary)는 쉽게 물러날 만큼 만만한 여자는 아니었다. 스페인 대사는 당시 황제였던 칼 5세에게 보낸 서신에서 메리는 "열렬하며 과단성이 있다"고 했고 명령만 하신다면 빨래판을 타고 영불해협을 건널 만큼 무서운 여자라고 했다. 사실 그녀는 군인의 용기와 광신적이라고 할 만한 가톨릭 신앙의 소유자였다. 그녀는 런던으로 입성하였고 주어진 권력을 놓치지 않았다. 추밀원은 그를 여왕으로 공포하였다.

사태가 이렇게 발전되자 노섬벌런드는 '여왕 메리 만세!'를 외쳤으나 그의 환호는 때늦은 것이었다. 그는 런던탑에 유배되었다가 참수되었고 마음에도 없는 왕위 찬탈자가 된 제인 그레인은 6개월 후 같은 운명의 길을 갔다. 에드워드 치하에서 교회개혁이 크게 진전되었으나 가톨릭교도인 메리가 왕위를 계승함으로써 영국교회와 개혁자들은 심각한 탄압을 겪지 않으면 안 되었다. 예상했던 대로 비극의 역사가 시작되었다.

Bloody 메리,
피의 여왕으로 불렸던 메리 1세 여왕

헨리 8세가 그녀의 어머니와 이혼하면서 가톨릭을 배척했지만 메리 여왕은 가톨릭을 다시 복귀시키고자 했고, 가톨릭의 재산으로 부를 축적하고 있었던 당시 귀족들은 그런 메리 여왕의 가톨릭 복귀를 달갑게 여기지 않았다. 메리 1세가 즉위하여 가톨릭으로 다시 복귀됨으로써 이단 처벌법이 부활하여 수많은 사람들의 피의 복수가 시작된 것이다. 그 뒤 3년 동안 개신교 반란자들의 머리가 교수대에 걸렸고, 이단자들로 몰린 개신교도들은 쉴 새 없이 처형당했다. 그 가운데 300여 명은 화형을 당했다. 이때부터 메리는 '피의 메리'라고 불리며 미움을 받았으며 그녀의 스페인 출신 남편은 불신과 비난의 대상이 되었다. 메리 자신은 악독한 살육으로 비난을 받았으며 메리는 국민의 뜻과는 달리 스페인과 동맹을 맺고 프랑스와 전쟁을 벌였다가 패해 잉글랜드가 유럽에서 갖고 있던 마지막 발판인 칼레를 잃고 말았다. 그때까지 아이가 없었던 메리는 건강까지 좋지 않았던 상태였다고 한다. 비탄에 빠진 메리는 몇 차례의 상상임신으로 더 낙담을 하게 되었고 이후 심신이 더욱 쇠약해지다가 1558년 11월 17일 런던에서 세상을 떠났다. 이와 함께 그녀가 추구했던 모든 정책도 사라지게 되었다.

영국을 일으킨 여왕, 엘리자베스 1세 여왕

　엘리자베스 1세 여왕이야 말로 영국 역사상 가장 유명한 여왕이지 않을까 생각된다. 헨리 8세가 앤 불린과 결혼하려고 전처인 캐서린과 이혼하기 위해서 이혼을 반대하는 가톨릭을 상대로 종교개혁을 단행한다. 영국 역사에서 헨리 8세의 종교개혁은 아주 유명한 역사적 사건이다. 그런데 엘리자베스가 바로 이 역사적인 사건의 중심에 서 있는 앤 불린의 딸이다. 어머니의 처형을 지켜 볼 수밖에 없는 어린 엘리자베스는 아마도 두려움에 떨며 무기력함에 분개했을 것이다. 자신의 어머니를 간통이라는 누명을 씌워 잔인하게 처형시켜 버린 아버지를 보고 자란 엘리자베스는 아마도 남자를 믿지 못했을 것이다. 그래서 평생 국가와 결혼했음을 선포하고 처녀 여왕으로 군

림한 것이 아닐까 여겨진다.

　메리 1세가 죽자 뒤를 이어 25세에 즉위하게 되고, 에스파냐 왕 펠리페의 구혼을 받았지만 즉위하면서 이를 거절한다. 그녀의 오랜 치세는 영국의 절대주의 전성기를 이룰 수 있었다. 그녀의 형제이자 자매인 메리 여왕과 에드워드 6세가 영국을 황폐하게 만들었다면 엘리자베스 1세는 영국을 반석 위에 올려놓게 된다. 그렇기 때문에 그녀는 국민으로부터 '훌륭한 여왕 베스'라고 불리며 경애의 대상이 되었다. 엘리자베스 1세의 정치적인 수완은 대단했던 것 같다. 민감했던 종교적 문제에 있어서도 양극간의 균형을 잘 조절해 서로 간의 마찰을 최소화했고, 자신의 치세 동안 종교를 잘 이용해 국왕의 권위와 권익을 잘 보호했다. 때문에 그녀의 치세 기간 중 종교적 분쟁은 없었다. 그 외에도 그녀는 많은 업적을 남겼다.

　여왕의 치세 중 영국은 한 섬나라에서 대 해상국으로 성장할 기초가 이루어졌고 '명랑한 잉글랜드'가 이루어졌으며 문화면에서도 영국 르네상스라고 불리는 국민문학의 황금시대가 도래하여 셰익스피어·스펜서·베이컨 등의 학자·문인이 속출했다. 영국의 절대주의는 절정에 이른 셈이다. 그녀는 국가를 위해 평생 아무와도 결혼하지 않고 처녀 여왕으로 지냈다. 헨리 8세는 늙어서 어느 날 말을 타다가 뒤로 넘어진 뒤로부터 머리를 다친 후유증에 의한 정신분열증으로 더 포악해지고 육식을 즐기면서 살이 찔 대로 쪄 걸음이 어려울 정도가 되었다고 한다. 그러나 전설에 의하면 첫 번째 부인인 캐서린과는 10여 년을 다섯 아이들을 낳고 다정한 남편으로 살았다고 하는데 신빙성은 별로 없다. 헨리 8세는 56세에 생을 마감했고 영국은 헨리 8세의 자녀들인 메리 1세, 에드워드 6세 그리고 엘리자베스 1세를 중심으로 정치의 변동이 심했는데 각 왕의 정책에 따라 가톨릭과 개신교의 정책이 뒤바뀌며 혼돈을 이루게 되었다.

Bloody Mary(메리 1세)와 엘리자베스 1세와의 관계

헨리 8세는 첫 부인으로 스페인 공주인 아라곤 캐서린을 아내로 맞는다. 당시 스페인은 군사적, 경제적으로 잉글랜드보다 한 수 위였다. 유럽 왕실의 결혼이라는 게 정치적 계략과 야심으로 이루어졌다. 캐서린 역시 그런 이유로 잉글랜드의 헨리 8세와 맺어졌다. 그러나 처음에는 헨리 8세의 형인 아서 튜더와 결혼하였으나 아서는 6개월 만에 사망한다. 당시 왕이었던 헨리 7세는 작은 아들과 캐서린을 다시 결혼시켰다. 결국 헨리 8세는 형수와 결혼을 하게 되고 말았다.

캐서린은 총명하여 처음엔 헨리 8세의 사랑을 받았다. 둘 사이에 딸을 낳았고 이름은 메리(훗날 '블러드 메리'라는 ‥'피의 여왕'으로 불렸다)다. 헨리 왕은 이 첫딸인 메리 공주를 무척 예뻐했고 그 후 아들을 낳지 못하자 메리를 왕위 계승자로 임명한다. 그리하여 잉글랜드 역사상 최초의 여왕이 그렇게 탄생될 예정이었다. 그러나 헨리 왕은 캐서린 왕비를 버리게 되는 사건이 발생했다.

왕비의 시녀였던 앤 불린과의 사랑에 빠지게 되고 두 번째 왕비로 책정하게 되는 과정에서 숱한 일들이 벌어졌다. 앤 불린은 귀족의 딸로 총명과 미모를 겸비했다. 앤 불린은 왕의 첩실이 아닌 정식으로 왕비가 되겠다고 헨리 왕에게 요청했다.

캐서린 왕비와 이혼을 해야지 사랑을 이어가는 만남을 하겠다고 앤 불린이 요구하자 앤 불린에게 완전 미쳐 있던 왕은 이혼 허락을 로마교황청에 요구하나 번번이 거절당했다. 잉글랜드의 주교, 울지는 교황청에 이혼을 청했으나 끝내 이혼 허락을 받아내지 못하여 죽임을 당했다. 울지 뒤를 이어 법무장관이던 토머스 모어(『유토피아』의 작가) 역시 왕의 이혼을 반대하여 반역죄로 몰려 사형장으로 끌려가서 죽임을 당했다.

그 후 토머스 크롬웰이라는 계략가가 총리 겸 비서가 되면서 헨리 왕을 업고 실세 노릇을 하게 되었다. 크롬웰은 왕의 이혼이 받아들여지지 않자 종교개혁, 즉 영국만의 교회를 만들게 하고 왕이 교회의 수장이 되도록까지 만들었다. 새로이 설립된 종교가 바로 영국의 성공회다. 그때부턴 로마교황청의 눈치도 허락도 필요 없었으며 결국 캐서린과 이혼에 성공하여 그녀를 궁전에서 내쫓고 딸이자 다음 왕위 계승자로 지목한 메리는 다른 곳으로 보내 교육을 받게 하여 친엄마와의 만남도 불가하게 하였다. 앤 불린 역시 그렇게도 아들을 바라던 왕의 기대에 못 미치고 엘리자베스를 낳는다. 앤 불린은 정식 왕비가 되자 제일 먼저 한 일이 전 왕비 캐서린의 딸 메리를 왕위 계승자에서 끌어내렸다. 뿐만 아니라 궁중으로 불려들어 자신의 시종 노릇까지 하게 하는 교활함을 보였다.

제2장

Mayflower호와 청교도

청교도의 미국 정착

영국에서 소수의 청교도들이 영국국교의 압박에서 벗어나기 위해 처음에는 1608년부터 약 11년간 네덜란드로 이주했고 그 후에는 미국 동북쪽으로 이주하게 되었다. 그들이 미국에 이주할 때 타고 온 선박은 메이플라워호(Mayflower)인데 1620년 잉글랜드 출신 이민자 102명을 북아메리카 대륙의 매사추세츠 주 플리머스까지 수송한 화물선이었다. 미국인들은 선박에 탄 사람들을 '필그림 순례자'라고 불렀다. 선박의 승무원은 25명에서 30명 정도였고, 이민자 102명중 35명만이 청교도(Puritan)로 알려져 있다. 메이플라워호는 9월 16일 잉글랜드 플리머스를 출발하여 66일간의 항해 끝에 같은 해 11월 11일에 케이프 코드(Cape Cod)의 프로빈스타운에 입항

하였다. 선박을 수리한 후, 12월 21일 오늘날 매사추세츠 주(州) 연안으로 이동하였다. 그곳에서 겨울을 보냈으며 이듬해 4월 5일 이민자들을 남겨 놓고 런던으로 되돌아갔다. 메이플라워호는 프랑스와 노르웨이, 독일, 스페인 등 유럽 여러 나라와 영국 사이에 화물(주로 포도주)을 운반하는 화물선이었다. 1609년부터 1622년까지 크리스토퍼 존스 선장이 지휘하고 있었으며, 1620년의 유명한 대서양 횡단 항해도 그가 지휘했다. 유명한 항해에서 영국으로 돌아온 후, 1622년 3월 존스가 사망하고 1년 뒤인 1623년 로드히스에서 해체되었다.

배의 제원에 대한 상세한 내용은 알려져 있지 않지만, 무게가 180톤으로 알려져 있으며, 당시의 상선의 전형적인 크기로 길이 27.4-33.5m, 폭 약 7.6m로 추정되고 있다. 승무원은 25명-30명 정도가 탑승하였으며, 필그림 중 한 명이었던 존 알덴을 포함하여 5명의 이름만 알려져 있다. 윌리엄 브래드퍼드의 메이플라워호 항해의 유일한 기록에 의하면, 사우스햄튼에서 준직공을 하고 있던 존 알덴은 메이플라워호가 보급을 위해 사우스햄튼에 기항했을 때 고용되었다. 희망에 찬 야심만만한 젊은이로 미국 도착 후 남아 있든, 메이플라워호와 함께 잉글랜드로 돌아오든 본인의 자유였지만 남아서 결혼을 했다. 1620년 9월 16일 존 카버, 윌리엄 브래드퍼드를 비롯한 영국인 102명이 잉글랜드 남서부 플리머스에서 메이플라워호를 타고 종교의 자유를 찾아서 신대륙(북아메리카)으로 떠났던 선상에는 질병이 퍼지면서 66일간의 어려운 항해를 거쳐, 케이프코드 끝의 낚시 바늘 모양의 프로빈스타운 항구에 닻을 내린 것은 11월 21일(율리우스력 11월 11일)의 일이었다.

이들은 당시 두 번째로 큰 이민단이었다. 원래의 목적지는 허드슨 강 하구의 현재 뉴욕시 인근으로 당시 영국의 버지니아 정착민의 북쪽 끝의 땅이었다. 버지니아 정착민은 미국 최초의 영국 이주민 땅에서 이들보다 13년 먼저 1607년에 도래하여 건설된 '제임스타운'에 정착하였다. 메이플라워호는 항로를 이탈하여 지연도착을 하였기 때문에 이미 계절은 겨울이어서 케이프코드에 머물면서 월동하였다. 그해 겨울, 반수 이상이 추위와 괴혈병으로 사망했다. 1621년 3월 31일, 겨울 동안 배 안에서 살아남은 승객들은 플리머스 해안까지 이동했고, 메이플라워호는 그해 4월 15일에 잉글랜드로 되돌아가게 된다.

메이플라워호를 타고 온 사람들은 매사추세츠에 도착하기 전에 그 배에서 소위 메이플라워 서약을 체결하여, 질서와 안녕을 유지하기 위해 스스로 하나의 시민정치체를 만들고 필요한 법률과 공직을 제정하여 이에 복종한다는 것을 서약하였다. 이러한 식민지 의회의 설치와 자치체의 형성은 그 뒤에 건설된 다른 식민지에도 도입되었다. 메이플라워 서약은 대략 다음의 내용으로서, 41명이 서명을 하였다. 그 내용은 다음과 같다. 1) 영국 왕에 충성을 다하며 2) 아메리카 대륙에 식민지를 건설할 것을 기약하고 3) 자치사회를 형성하여 질서와 안전을 도모하며 4) 평등한 법률을 만들어 관제를 정한 다음, 여기에 종속할 것을 맹세한다.

상륙 직전에 배 안에서 맺은 '메이플라워 서약'은 다수의 자유 의지에 의한 정부의 설립을 결정한 것으로서, 민주주의 정치의 기초가 되었다. 청교도 분리주의자들은 아메리카 대륙으로 건너가기 전 네덜란드 레이던(Leiden)에서 11년 정도 머문 적이 있었다. 그리고 로테르담 근교의 한 마을에는 이들이 떠나기 직전 머물렀던 교회가 지금도 남아 있다. 당연히 네덜란드 개혁교회도 이들과 영향을 주고받았으며, 특히 청교도 신학에 자극받아 일어난 운동이 네덜란드의 경건주의 운동이다.

영국에 있는 청교도들이나 미국에 이주해 온 청교도들은 처음부터 성경을 교육의 지침서로 삼고 있었으나 교육에 대해서는 보다도 적극적이며 광범위한 정책을 채택했다. 특히 이성과 논리의 중요성을 역설했다. 그래서 당대에는 이런 공격도 받았다고 한다. "저는 성경으로 더 충만할지 모르는 어떤 박식한 학자의 설교보다, 아무런 연구 없이 그냥 성령의 활동으로 말하는 사람의 설교를 듣는 것이 더 좋습니다." 이성과 믿음의 이분법적인 접근보다는 믿음이 이성을 우선하지만 이성 없이는 아무것도 볼 수 없음을 역설했다.

   청교도들은 지식 교육에 있어 기독교 밖의 학문을 회피했던 재세례파와 달리 기독교외의 학문들을 포용했다는 데에 의의가 있다. 기본적인 교육 방침은 성서에 기반한 신앙인을 교육하는 것이었지만 그에 못지않게 성서 밖의 학문들을 경시하지도 않았다. 사실 이에 영향을 받아 세워진 교육 대학들은 지금도 미국에 많이 존재한다. 그 대표적인 예가 하버드 대학교와 예일 대학교이다. 두 대학은 네덜란드에 망명한 분리주의파였던 청교도 회중교회 출신들이 신대륙으로 건너가서 설립했다. 애초에 하버드 대학교는 목사 양성 학교였지만 시간을 거듭하며 형태가 계속적으로 변했다. 뉴잉글랜드의 첫 열매를 보면 하버드 대학교를 세우던 때의 증언이 생생히 녹아있다.

   "하나님께서 우리를 아무 탈 없이 뉴잉글랜드로 데려다 주신 뒤로, 우리는 집을 짓고, 생필품을 마련하고, 하나님께 예배드리기 편한 장소를 세우고, 시민정부를 만들었습니다. 그런 다음에 우리가 간절히 바라고 구한 일 가운데 하나는 배움을 증진하고, 그것을 자손 대대로 물려주는 일이었습니다."라고 미주에 이주한 청교도들은 고백했다. 아메리카에서 정착을 계획하고, 실행하고, 완수하도록 이

끌었던 것은 종교뿐만 아니라 보편적 자유에 대한 사랑, 성직자, 전제적 지배자들에 대한 증오와 불안, 공포 때문이기도 했다.

1789년 프랑스 혁명이 국가교회인 가톨릭에 반감을 많이 드러냈다면 미국 독립혁명은 청교도 윤리로부터 많은 영향을 받았다. 현재 세속주의에서 주장하는 대로 미국의 건국이념은 종교와 무관하다는 주장은 건국과 독립전쟁 당시 상황을 잘 알지 못하는 것으로 현재 종교의 자유라는 개념이 세속화된 국가에서 어느 종교든지 믿어도 되거나 혹은 종교를 믿지 않을 자유라면 당시 17-18세기 청교도들에게 종교의 자유라면, 수정 헌법 1조에 명시된 대로 영국국교회와 같은 국교를 두지 않고, 국교와 같은 지위의 기독교 내 특정 종파를 인정하지 않겠다는 취지로 봄이 타당하다. 당시 유럽은 기독교 세계였고, 종교냐 아니냐의 문제가 아니라 기독교 특정 교파냐 아니냐가 정치적 갈등의 주 양상이었기 때문이다. 미국 청교도들의 주류는 제임스 1세와 찰스 1세, 찰스 2세의 영국국교회(성공회) 일원화 정책에 반발하여 가장 극심한 탄압을 받고 지냈다.

미국 청교도들의 특징을 간추려 본다면 1) 국가교회 체제에 부정적이며 국가의 권력과 개입을 최소화한다. 2) 개인의 신앙과 양심, 종교의 자유를 주장하고 개인의 성경 중심 신앙을 강조한다. 3) 자유의지를 강조하기에 개인의 행동에 대한 책임을 엄격하게 묻고, 따라서 금욕적인 윤리관을 갖는다. 이런 전통을 가진 청교도는 개인주의, 제한된 권력, 작은 정부를 주장했다.

미국으로 건너간 이들은 주로 영국국교회에서 떨어져 나올 것을 주장한 청교도 일부 분리주의자들이고, 대다수의 청교도들은 성공회에 남아 개혁교회 성향을 강화하기 위해 노력한 사람들이기 때문이다. 메이플라워호에 탔던 사람들의 기록에 청교도(puritan)라는 표현이 없다. 초기 미국 이주민들은 자신들을 청교도라 부르지 않았다.

청교도 분리주의자들이 만든 교단은 회중정치를 하면서 유아세례를 인정했고, 타 개혁주의 교단과 상관없는 독자적인 신앙고백을 채택했다. 이런 교회를 '회중교회(Congregational Church)'로 부른다. 그런데 19세기쯤에 이르면 교단의 신학적 성향이 자유주의 신학으로 크게 기울었다. 훗날 미국 회중교회(Congregational Christian Church)는 '복음개혁교회(Evangelical and Reformed Church)'라는 다른 자유주의 성향 교단과 합동하여 미국연합기독교단으로 이름을 바꾸고 오늘날까지 명맥을 유지 중이다.

그리고 청교도들 가운데 역사가나 문학인들도 많았는데 그 대표적인 문학작품으로는 존 밀턴의 『실낙원(失樂園)』과 존 번연의 『천로역정』 등이 잘 알려져 있다.

제3장

청교도 운동과 초대교회의 신앙생활

초대교회의 신앙생활을 본받은 청교도

성공회 안에서 가톨릭 성향이 강한 교회를 '고교회'라고 하는데 성공회는 고교회에 속하고 개혁교회 성향이 강한 교회를 '저교회'라고 한다. 청교도는 저교회에 속하는 교회 중 하나이다.

이렇듯 청교도는 한 세기 반가량 영국에서 진행된 개신교 종교개혁 운동인데 청교도 운동은 오늘날도 선열들의 정신과 사상을 이어받은 그의 후예들에 의해서 지금도 계속되고 있다.

그리스도인이라는 표현이 처음에 사용되었을 때에는 대적자들에 의해서 붙여진 경멸조의 이름이었지만 이후 그리스도인들에게 영광스러운 표현이 되었듯이 청교도들이라는 경멸의 표현도 얼마 후에 일반적인 용어로 사용되었고 그 이후의 세대에게 영광스러운 이름이 된 것이다.

이렇게 독립적이고 독자적이고 독창적인 청교도는 과연 어떤 사람들일까 궁금해 하는 사람들에게 칼뱅 신학자 조셉 파이파(Dr. Joseph A. Pipa)는 말하기를 그들은 우리와 비슷한 상황 속에 살면서도 효과적으로 복음사역을 하였고 현재 우리가 사용하는 웨스트민스터 신앙고백서 등 개신교 신앙생활에 가장 필요한 신앙고백의 표준서들의 발원(發源)자들이기도 하다. 또한 보수적이며 복음주의 신학자인 정제임스 패커(J.I. Packer)는 다음과 같이 청교도들에 대하여 기술하였다. 청교도들은 성숙한 기독교인의 모델이다. 그들은 신학적 통합성을 추구해 왔으며 그들의 영적 표현의 질이 뛰어나고 그들은 가정생활의 안정을 위한 프로그램을 가지고 있다. 그들은 인간의 가치에 대한 지각을 가졌다. 그들은 교회 갱신의 이상을 가졌다.

엘리자베스 여왕 시대의 샘슨(Thomas Sampson)은 청교도들을 이렇게 표현했다. "그들은 그 누구도 정당하게 잘못을 찾을 수 없는 교리와 성서 생활을 중요시 여긴 형제들이었다. 청교도들은 이 세상의 성자들(Worldly Saints)이다. 그들은 세속 오염으로부터 격리된 거룩한 양심을 소유한 자들이었다. 초대교회로부터 물려받은 사도적 순결과 거룩한 양심을 지키려고 세속으로부터 격리되기를 원했다. 그래서 그들은 성경에 근거하지 않는 신앙생활은 어떠한 것이라도 거부했다."

한마디로 청교도들을 정의한다면 이와 같이 말할 수 있다. "2000년 교회 역사 속에서 성경 밖에서 발견할 수 있는 가장 성경적인 사람들이다." 즉 성경에 가장 가까운 삶을 살았던 사람들이라는 것이다. 신학자 로이드 존스(Martyn Lloyd Jones, 1899-1981)의 말처럼 "청교도는 언제나 신약 초기의 초대교회시대로 돌아가기를 원했다. 청교도들이 원했던 것은 가능한 성경 속에 나타난 원리들에 적합한 교리는 물론이고 교회의 규율과 행정조직을 갖기 원했던 것이다." 라고 했다. 청교도들은 이처럼 오로지 성경의 가르침에 기초하여 모든 것을 복음적인 관점에서 보았던 사람들이었다. 즉 그들은 철저하게 성경의 사람들이었다. 그래서 그들을 통하여 성경의 권위가 온전히 드러났다.

청교도들이 살던 당시의 영국국교회(성공회) 사제들은 대부분 정치적이고 형식적이었다. 또한 왕이 교회의 통치자가 되어 교회를 국가의 시녀로 전락시켰다. 놀라운 것은 당시 성직자들 가운데는 글을 읽을 줄 모르는 까막눈도 많았다고 한다. 결국 설교 없이 의식만 거행되는 예배가 만연될 수밖에 없었다. 이러한 상황 속에서 사람들은 혼란에 빠졌고 빈곤 및 도덕성의 상실로 사회와 경제적인 불안이 심각하였다고 로이드 존스는 말했다. 이러한 암흑의 시대에 청교도들은 영국국교회의 예배 의식을 반대하고 초대교회와 같은 순수한 예배를 하나님께 드리고자 했다. 또한 성경을 연구하고 그 성경을 기초로 죄와 회개와 구원의 은혜를 중심한 설교를 강조하였다. 또한 이들은 거룩과 경건을 생활의 절대적인 요소로 삼았다.

결국 청교도들에 의해서 종교개혁의 핵심 요소였던 '오직 믿음으로(Sola Fide)', '오직 성경으로(Sola Scriptura)', '오직 하나님 하나님의 영광을 위하여(Soli Deo Gloria)'라는 온전한 개혁이 이루어지는 계기를 만들려고 했다. 비록 영국국교회 내에서는 청교도들의 뜻을 온전히 이루어지지 못하였지만 영국 개신교 교회 내에서는 종교개혁의 주역들이 되었다.

제4장

청교도의 교회정치

경건생활

미국의 청교도 교인에 대한 바른 이해는 그들이 성숙한 성도로서 대단히 경건한 생활로 훈련되어 있고 스스로 다스려진 자들이라는 것을 잊어서는 안 된다. 청교도 교인들의 일상생활은 신앙 양심의 자유에 기본적인 바탕을 둔다. 교회 헌법 같은 것은 없다.(정치, 예배모범, 권징 조례 없음) 그들의 법은 교회에서 교육된 신앙 양심이 곧 그들을 인도하는 지침서이다.

청교도 교인들의 일상생활은 만약 어떤 교인이 살아 계신 하나님 앞에서 진심으로 믿음으로 행하고자 한다면 교회는 그의 행위를 받아들인다. 청교도 교회의 이러한 신앙 양심의 자유스러운 태도 때문에 수년 동안 교회에 참석하기를 꺼렸던 많은 사람들에게도 교회에 참여할 수 있는 기회를 제공하고 또 환영받고 있다.

그들은 중요한 교리를 그들의 생활 속에서 자유롭게 나타내고 있으며 그렇지 않으면 하나님이 용납하지 않는다는 것을 믿고 있다. 개인적인 사명감과 신앙 양심이 기독교인의 신앙생활을 이루는 데 가장 근본적인 길임을 믿고 있다. 그러므로 청교도 교회의 목사가 강단에서 하는 설교는 신앙 양심의 자유가 완전히 인정되어지고 있다. 다시 말하면 목회자들은 성령의 인도 따라 완전히 자유롭게 설교한다는 것이다. 그러나 마음에 명심할 것은 예수의 권세 아래서의 신앙 양심과 공평성이다.

새로운 편견이나 감정에 치우치지 않는다. 이와 같은 사실은 기독교인의 생활이 논쟁의 범위에서 벗어나며 개인적인 성격의 차이에서 벗어나고 오직 예수님의 본을 받아 진실하게 살기를 원하며 진리를 사모하는 자들을 하나로 모이게 만든다.

안식일

청교도들에게 안식일의 엄숙한 준수는 사실상 청교도 활동 중 가장 우선적이고 두드러진 특징이었다. 그들은 주일을 영혼을 위한 장날이요 단체의 찬양과 기도로 천국 잔치에 참여하는 날로 생각했다. 청교도들이 체계화시킨 웨스트민스터 대교리문답 중에 제118번의 질문은 이점을 분명히 하는데, 안식일을 지키는 것이 그들의 중요한 의무임을 명확히 하고 있다. 질문을 보면 "왜 가족의 어른들과 다른 윗사람들을 향해 안식일을 지키라는 명령이 특별히 주어졌습니까?" 이에 대한 대답은 "그들 자신에게 안식일을 지킬 의무가 있을 뿐만 아니라 그들의 통솔 아래 있는 모든 사람들이 안식일을 지키게 할 의무가 있기 때문이리라."고 말한다.

또 소교리문답의 제60번 질문과 대교리문답 제117번 질문에서는 어떻게 안식을 거룩히 지켜야 하는지를 분명하게 언급하고 있다. "안식일 혹은 주일을 어떻게 거룩하게 하여야 합니까?" 이에 대한 대답은 "안식일 혹은 주일을 거룩하게 한다는 것은 온 종일 거룩히 쉼으로 할 것이며, 언제나 죄악 된 일을 그칠 뿐만 아니라 다른 날에 합당한 세상일이나 오락까지 그만두어야 하며, 부득이한 일과 자선사업에 쓰는 것을 제외하고는 그 시간을 전적으로 공사 간 예배하는 일에 드리는 것을 기쁨으로 삼을 것입니다. 그 목적을 위하여 그들은 마음을 준비했으며 세상일을 미리 부지런히 절제 있게 배치하고 적절히 처리하여 주일의 의무에 보다 더 자유로이 또는 적절하게 행할 수 있어야 할 것입니다."라고 되어 있다.

더 나아가 그들은 주일성수에 방해가 되는 것들을 금지해야 할 것을 분명하게 명시하고 있다. 그리고 소교리문답 제61번 질문과 대교리문답 제119번 질문은 이렇게 말한다. "제4계명에서 금지된 죄들은 무엇입니까?" 이에 대한 대답은 "4계명에서 금지된 죄들은 요구된 의무를 하지 않는 모든 것과 모든 부주의와 등한함과 그것들을 무익하게 이행함과 이에 지쳐 괴로워함이며 또 게으름과 죄악 된 일을 하는 것과 세속적인 일과 오락에 대하여 필요 없는 일, 말, 생각들을 함으로써 그날을 더럽히는 것입니다."라고 분명히 기록하고 있다.

이렇듯 청교도들은 주일성수를 의무로 여기며 철저하게 지킨 좋은 정통을 우리에게 전하고 있다. 실제로 이러한 주일성수에 대한 의무와 철저한 준수의 내용을 보면 "주일날 거리에서 전혀 무질서가 보이지 않게 되었고 거리를 지날 때 수많은 가정들이 찬송가를 부르고 설교를 되풀이 이야기하는 소리를 들을 수 있게 되었다."라고 되어 있다. 칼뱅은 이렇게 말했다. "그리스도인들이 이 땅에 사는 동안 그들을 위한 하나님의 목적은 성화이다." 그는 또 말했다. "거룩은 하나님의 약속의 선물이기도 하며 인간에게 명해진 의무이기도 하다. 하나님의 은혜가 없으면 우리는 이 의무를 실행할 수 없다. 또한 하나님은 우리가 우리의 의무를 바르게 실행할 수 있도록 하는 목적 아닌 다른 목적으로 은혜를 주지 않으신다."

그리스도인이 거룩을 이루기 위해서는 죄를 억제하여야 하고 죄와 피 흘리기까지 싸워야 한다. 청교도들은 이것을 하나의 교리로 다루고 있다. 이 땅에서 완전한 거룩이 불가능하지만 그들은 거룩의 최고봉에 이르기 위한 열망으로 완전한 거룩을 추구한 사람들이다. 실제로 그들은 성경 이외의 교회사에서 가장 거룩한 무리들이었을 것이다.

이러한 탁월한 거룩은 청교도들의 특징인 동시에 그들의 능력이 되어서 자신들의 시대는 물론 지금껏 남긴 글을 통하여 영향을 미치고 있다. 청교도들은 개신교회의 형성에 영향을 끼친 사람들이었다. 초기 청교도들은 대부분 칼뱅주의자들이었다. 청교도들은 교회를 대표하는 지도자들을 통해서 교회정치가 이루어졌다.

신학자 로이드 존스는 "청교도주의는 궁극적으로 하나의 정신구조요 하나의 정신이다. 참된 청교도주의는 궁극적으로 칼뱅주의 안에서 발견된다. 초기의 청교도들이 칼뱅주의적인 전통을 따르게 되었는데 이후에 여러 개신교의 산실이 되었다. 물론 다른 시각에서 바라보면 더 초기적인 형태의 청교도는 침례교도라고 말하는 주장도 있다."고 강조한다. 그러나 분명한 것은 청교도들이 오늘날의 개신교 신앙과 신학에 지대한 영향을 끼친 것은 그들의 공로라고 할 수 있다. 고향을 등지고 종교의 자유를 찾아 신대륙의 미국으로 떠나 오늘날의 미국 교회와 미국의 정치, 교육, 사회 전반에 영향을 미쳤으며 영국교회 내에서도 장로교회, 영국의 회중교회, 분리주의교회, 감리교회 등에 영향을 미쳤다

지금과 같은 세계화 현상과 급속한 변화의 시대에 오래전의 청교도들을 언급한다는 것이 과연 어떤 의미가 있을까? 우리가 신앙과 삶, 교회와 목회, 가치관과 세계관 등을 올바로 정립하려 할 때, 성령의 감동으로 된 하나님의 말씀인 성경이라면 그 모든 필요를 충족시킬 수 있다. 그런데 왜 역사상 일어났던 한 운동인 청교도 운동에

대해 그렇게 시간을 들여서 알아야 하고 배워야 할까? 그 이유는 청교도들이 성경은 그들의 신앙과 삶에 대한 분명한 지침을 주고 있다고 보고 있기 때문이다.

그러나 성경의 올바른 해석과 적용은 역사의 구체성을 통해서 살펴보아야만 한다. 그 성경적 적용의 흐름과 역사를 알아가는 과정에서 무엇이 과연 우리의 좋은 표본이 될 수 있을까를 놓고 심각하게 생각하고 그 결과를 얻기 위해 노력해야 함이 당연하다. 교회 지도자들이 미국의 신앙 회복에 대해서 거론할 때 항상 청교도 운동을 언급한다. 이는 그들의 신학과 신앙의 삶이 참으로 성경적이었기 때문에 그리스도인들은 영국과 미국의 청교도들을 알고 배워야 할 책임이 있다.

다음으로 청교도 신앙의 뿌리에 대하여 몇 가지 중요한 것들을 살펴보고자 한다.

청교도들의 신앙의 뿌리를 살펴보면 루터파와 재침례파를 제외하고 주로 스위스 연방의 교회 개혁자들(칼뱅, 츠빙글리, 불링거 등)을 중심으로 생겨난 신학과 신앙이다. 청교도들은 그들의 신앙과 신학을 배우고 깊은 영향을 받은 후 네덜란드와 영어권의 여러 나라들로 급속히 퍼져 나갔다. 청교도들은 하나님의 영광과 절대주권을 강조하고, 성경의 최고 권위성을 인정하며 성찬에 있어 로마가톨릭의 화체설이나 루터파의 공재설을 배격하였다.

청교도 개혁주의자들은 예정론과 언약신학을 강조하였으며 교회정치와 예배 모범에 있어서도 성경에서 그 중심원리를 찾았다. 또한 교회와 국가의 상보적 관계를 중요하게 여겼다. 일반적으로 개혁주의 신앙을 배우고 따랐던 청교도 신앙을 칼뱅주의의 꽃으로 표현한다. 청교도 신앙은 그들의 다양한 인물됨과 배경에도 불구하고, 개혁주의 신앙을 기초로 전개한 신앙 운동이었기 때문에, 개혁주의의 신앙 내용과 불가분리의 관계에 놓여 있다.

1560년대에 처음 사용되었던 용어인 '퓨리탄(Puritans)' 안에는 칼뱅신학과 신앙 외에도 다양한 범주의 신학과 신앙을 가진 사람들도 있었다. 2019년 통계로 16-17세기만 해도 2,570명의 개혁파 신학자들이 있었다고 하는데 그중에 신학자 355명 이상의 사람들을 청교도라고 부른다. 그들의 영향력은 그들의 신학과 사상과 삶에 있다고 할 수 있다. 그들이 오늘도 전통적인 교회에 끼치고 있는 영향력은 가장 훌륭한 신앙고백 중의 하나인 웨스트민스터 신앙고백서(The Westminster Confession of Faith) 및 많은 성경적인 작품들을 통해 나타나 있다. 그들은 계시론, 성경론, 성경 해석과 주석, 신론, 언약, 성령론, 기독론, 구원론(그리스도와 연합, 칭의와 성화), 은혜의 방편, 기도 등의 주제들을 아주 깊이 있게 성경을 바탕으로 잘 설명하고 있다.

청교도들은 그들의 다양한 스펙트럼(spectrum)에도 불구하고 그들에게는 통일성이 있었다. 그들은 로마가톨릭 신앙(반(半)펠라기우스파), 소키누스파(반(反)삼위일체론자), 알미니우스파(예지예정론자), 반(反)율법주의자들을 모두 배격했다. 그들은 율법과 복음을 이분법적으로 구분하였다. 이것이 청교도들이 가지는 중요한 신앙적인 일치이다. 좀 더 정확하게 말한다면, 청교도들은 개혁파 정통주의(Reformed Orthodox)의 한 지류라고 할 수 있다. 개혁파 정통주의는 개신교 정통주의(Protestant Orthodox) 안에 들어 있다. 개신교 정통주의는 종교개혁의 정신을 이어받아 교회와 학교와 가정과 사회에 폭넓게 적용하려는 운동이다. 개혁파 정통주의는 성경 연구와 신학 연구를 통하여 16세기 종교개혁 신학을 체계화하였다. 그들의 다양한 교파와 입장에도 불구하고 우리는 청교도를 성숙된 개혁파 정통주의의 맥락 속에서 보아야 한다.

다음으로 중요한 것은 왜 청교도 신앙을 알아야 하고, 본받아야 할 여러 가지 이유를 찾아보는 것이다.

신앙관

청교도 성도들은 모든 면에서 성경은 누구에게나 열려져 있다고 주장한다. 성경은 교회에서, 가정에서, 학교에서 열려 있다. 성경은 기도의 방향을 위해서 주님과의 교제와 묵상을 위하여 인간의 언어로 읽혀지도록 열려 있다고 한다. 그리고 기독교인들의 삶은 성경의 지배를 받도록 성경이 명령하고 있다.

성경이 모든 크리스천과 그들의 가정을 위하여 온전한 영적인 가르침을 담고 있다는 것을 믿는다. 또한 계속적인 성경 읽기와 가정에서의 말씀 연구는 우리의 속사람을 성장케 하고 겉사람을 강하게 한다. 성경에서 발견되어지는 하나님의 말씀은 교회의 역할을 지시하고 인도하며 매 시대마다 새로운 빛과 진리를 나타내게 하여 교회의 사명을 다하도록 한다. 청교도는 믿음과 신념과 애착을 가지고 자기 자신을 위하여 성경을 읽고 깨달을 수 있다는 사실을 귀하게 여긴다. 그들은 성경의 힘을 체험함으로 강하고 용기 있게 지혜로운 예수 그리스도의 제자로 세워갈 수 있다고 믿는다.

청교도들은 성경의 진리를 바르게 전한 사람들이었다. "청교도들은 다른 어떤 자이기 전에 먼저 복음 선포자였다."는 것이다. 청교도들은 교회가 성경의 권위 아래 있게 했을 뿐만 아니라 성경의 진리를 드러내는 설교의 권위를 되찾게 하였다. 특히 이것은 강단 위의 설교자들에 의해서 이루어졌다. 청교도들은 영적이고 구두적인 개혁을 설교를 통하여 이룬 자들이다.

그들의 설교 시간은 예배 시간과 동의어로 사용될 정도로 예배에 있어 설교는 핵심 요소였다. 칼뱅신학의 핵심이 설교였던 것처럼 청교도들도 설교를 공예배의 절정으로 간주했다. 즉 "성령의 권능에 의해서 수반되는 말씀 선포와 그 말씀으로 부터 오는 교훈을 구원과 성화에 이르게 하는 하나님의 권능의 중요한 수단으로 여겼다." 그래서 청교도들은 설교를 위하여 성경을 철저히 연구하였고 "그들은 그들의 마지막 설교인 것처럼 선포했고 그들 모두는 '죽어가는 사람으로서 죽어가는 사람들에게' 설교하였다."고 신학자 백스터

(Richard Baxter 1615-1691)는 칭찬을 아끼지 않았다.

그들은 설교를 통해서 철저하게 인생의 제일 되는 목적이 하나님의 영광임을 강조하였으며 그리고 의지하고 바라보아야 하는 유일한 대상이 그리스도임을 제시하고, 신앙인의 삶의 방향이 경건과 거룩임을 일깨웠고, 철저한 직업 소명의식을 일깨우고, 하나님을 경외하는 건전한 가정생활을 하게 하고, 세상의 쾌락과 사치로부터 돌아서게 했다. 설교된 성경의 진리에 의해서 실제적으로 설교자들은 가장 성경적인 삶을 살았음은 물론이고 회중 속의 청교도들도 그와 같이 살았다고 보아도 과언이 아니다.

청교도들은 삶의 전반에서 경건한 의무에 충실한 사람들이었다. 청교도들에게 가장 중요시되는 단어는 '의무'라는 단어였다. "청교도들은 그들의 의무가 성경의 내용대로 순수한 신앙을 지키며 이것을 세상에 전파하는 것이요, 그 대가로 그들은 하나님의 백성으로 특별한 대우를 받는 것이라고 믿었다. 그래서 그들은 순수한 신앙이 가정과 교회뿐 아니라 사회 전체에서 실현되어 하나님의 통치가 이루어지기를 그렇게 원하고 싸웠던 것이다." 청교도들은 교회와 가정에서 청교도의 삶의 의무를 실제적으로 강조하였다.

한편 목회자들은 설교에서 공통적인 표현으로 하나님께 순종과 충성을 강조했으며 양 떼들에게 신앙과 의무를 이행하라고 강조했다. 즉 청교도들이 철저하게 자신들의 의무로 삼았던 것들은 1) 성수주일, 2) 예배, 3) 기도, 4) 경건한 가정, 5) 거룩한 삶이었다.

성경을 매우 깊이 이해할 수 있는 신학적이고 경건적인 깊이가 있는 도서들이 청교도에 저장되어 있다. 이 도서들의 막대한 영향력이 청교도에서 찾을 수 있는 가장 큰 영적 보물이라고 할 수 있다. 영국과 미국의 청교도 시대의 수많은 책들은 이제까지 역사상 쓰여 왔던 경건한 책들 중에 가장 성경적이고 깊이 있는 내용을 다루고 있다고 볼 수 있다. 정통주의 개혁자 칼뱅 이후 기독교 역사상 가장 성경적이고 개혁적인 신앙고백서인 웨스트민스터 신앙고백서, 대교리문답, 소교리문답, 예배모범과 권징조례와 같은 역사적 문서들이 청교도 운동의 과정에서 배출되었기 때문에 청교도를 안다는 것은 그만큼 풍성한 신앙적 최고 유산들을 섭렵할 수 있는 최선의 길이라고 할 수 있다. 지금도 정통적인 개혁주의 교단들의 대부분은 교회의 신앙과 예배, 치리와 교육 등의 문서들을 이런 청교도 신앙 문서들에서 발췌해서 사용하고 있다.

두 번째로 16, 17세기의 청교도들을 안다는 것은 교회 개혁의 방향과 이런 방향성을 소유했던 믿음의 자랑스러운 선배들을 만나는 깊은 감동을 주기 때문이라고 할 수 있다. 하나님의 말씀을 깊이 탐

구하여 진리의 오묘함과 깊이에 이르도록 도와주는 청교도들이 한결같이 21세기 신앙생활의 등불이 되고 있기 때문이다. 예배의 실례를 들어보면 일부 현대 교회는 사회의 변화에 적응하고 조화되기 위해서 굉장한 노력을 기울이고 있다. 그래서 시대를 리드하는 교회는 예배의 형식과 구조를 바꾸고 21세기에 새롭게 나타나는 현상에 빠르게 발맞추어 나아가는 것이란 생각이 팽배해 있다. 과거의 목회 패러다임들은 이런 변화에 대한 반응에 있어서 성도들의 욕구를 충족시키지 못하고 있는 것이 사실일는지 모르나 교회가 시대사조와 풍조를 따라가고 적용하는 데 매우 민감한 것이 과연 해결책이 될 수 있을까 하는 것을 심각하게 질문해 보아야 한다.

그래서 오래전부터 교회들이 열린 예배, 축제 예배, 영상 매체가 활용되는 예배를 강조해 오고 있지만, 그것은 외적인 모양에 대한 개혁에서 그치고 있다. 참된 교회 개혁의 가장 성경적인 내용의 역사적 모형을 우리가 찾을 수 있다면 그것은 청교도라고 할 수 있기 때문에 우리는 청교도를 더욱 알아야 할 의무를 가지게 되는 것이다.

근래 교회의 예배가 실용적이고 청중의 현대적 감각에 맞추어가는 예배로만 바뀌는 것은 현실과 문화의 적용이란 차원이 아니라, 예배의 모습이 인본주의나 세속화되고 있다는 면도 지적할 수 있다.

우리 주위에 예배 갱신 운동이 전개되고 있지만 성경적이고 하나님 중심적인 참된 예배를 추구해 나아갈 때, 가장 성경적인 예배에 대한 하나의 모범으로서 우리는 청교도들의 예배에 귀착될 수 있을 것이다.

다음으로 교회의 진정한 회복은 사도행전적 교회의 모습들을 우리의 현실에 적용시키는 것이라고 할 수 있다. 21세기의 교회들의 모형은 사도행전 교회의 모습을 닮은 청교도에서 찾기가 쉽다. 이는 청교도들이 믿었던 성경적인 교리와 체험과 삶의 실천이 오늘의 성도들에게 매우 강렬한 메시지를 던지고 있기 때문이다. 이것은 청교도들이 가장 신약성경에 충실한 교회를 세우고자 애를 썼기 때문이다. 그러므로 청교도를 연구하는 것이 역사를 통해서 올바른 그리스도의 몸된 교회의 모습을 재현하기 위한 가장 근접한 방법이라고 할 수 있기에, 우리가 청교도들의 사상과 신앙에 대해 더욱 알아야 할 필요가 있다.

그리고 성경적인 목회관의 회복을 위해 청교도 운동을 깊이 알아야 한다. 개혁교회의 목회자는 항상 성경을 따라 계속 개혁되어야 할 필요가 있다. 청교도들은 철저히 개혁된 목사의 사역을 통해 하나님의 은혜에 이끌려 질서 정연한 부흥이라고 부를 수 있는 상태로 들어간다고 볼 수 있다. 청교도에서 우리는 진실 되고 철저한 회

개가 일어나고 전통적이고 건전한 신학과 노선을 견지하며, 영적으로 깨어 기다리는 분위기가 충만하고, 성경적으로 현명하고 성숙하며, 윤리적으로 진취적이고 순종하며, 겸손하지만 받은 구원을 즐겁게 확신하는 상태가 되는 것을 이상(理想)으로 삼았다는 것을 볼 수가 있다.

청교도들은 교회와 목회의 본질, 참다운 목회, 세상 속에서 그리스도인의 삶을 철저하게 연구하고 이에 합당한 경건한 신앙을 추구하였다. 그렇기 때문에 청교도들을 연구하는 것은 본질적인 목회와 참다운 교회 추구에 있어서 필수적으로 알아야 할 이유가 있는 역사의 부분이라고 할 수 있다. 그리고 사회를 구성하는 가장 기본이 가정이라고 할 수 있는데 오늘날 가정이 점점 붕괴해가는 현상은 사회와 국가의 붕괴를 가져올 수 있다. 가정파괴, 이혼, 동성연애, 계약결혼 등으로 가정 윤리가 허물어지는 이 시대에 무엇이 이런 윤리를 세우는 실제적인 표본이 될 수 있을까?

청교도들은 무엇보다 경건한 가정에 강조점을 두었다. 자녀들이 정도를 걷고 경건하며 사회적으로 가치 있는 삶을 갖도록 하는 것을 자녀 교육의 목표로 삼았다. 그들은 가정 윤리와 함께 질서와 예의 및 가정 예배 등을 강조했다. 청교도들은 가정에서 실제적인 신학과 삶의 균형을 이루어 갔다. 그래서 가정관을 제대로 세우기 위해서는 청교도의 구체적인 신앙생활 모습을 살펴보아야 할 것이다. 영국의 청교도들에 의해 성서에 근거한 헌법과 국가와 가정이라는 개념이 제대로 정립되었다고 할 수 있다. 교육에 있어서도 청교도 신앙의 교육은 예수 그리스도와 성경을 통해 인간과 세상, 하나님, 죄, 그리고 구원의 본질에 관해 말하는 위대한 기독교 신앙으로 이 땅에 있는 어느 누구도 부여받지 못한 가장 고귀한 비전을 부여하고 있다. 그들은 가정과 교회의 역할을 연계시키고 전인적인 신앙 교육을 위해 최선을 다하였다.

그들의 교육은 세속적인 교육과 구별되어, 인격적인 변화와 성숙과 예수 그리스도를 닮아가는 기독교 교육을 적용하였다. 특별히 미국 땅에 들어온 청교도들은 성경적인 전인적 교육 추구를 위해 심혈을 기울여 왔다. 근대에 이르러 공립학교들은 존 듀이의 실용주의(pragmatism)를 비롯한 인본주의 세속 교육 내용의 득세와 더불어 성경과 기도와 경건 실천을 포기함으로써 교육은 점점 더욱 변질되어 왔다. 역사적 맥락에서 청교도들의 가정과 교육의 전반을 살펴보면서 가정과 교육의 구체적인 내용과 자세로부터 우리가 충실히 배운다면 우리는 가정과 교육의 성경적 대안을 또 다시 이 시대에 제시할 수 있을 것이다. 청교도들은 개혁주의 신앙의 열매라고 할 수 있는 내용들을 가지고 있다. 칼뱅의 신학과 신앙을 가장 적극적으로 꽃피우고 열매 맺은 역사가 바로 청교도라고 한다면, 지금의 교회

생활과 적용을 새롭게 하는데, 이 청교도를 더욱 자세하게 알아가는 것이 요청된다.

오직 교회의 개혁과 하나님의 주권과 그분의 영광을 위해 살았던 청교도들, 종교와 시민의 자유를 위해 몸부림쳤던 청교도들을 알아보는 것은 실제적으로 귀중하다. 그들이 구약의 율법을 너무 많이 신약적으로 도입하여 적용하고 해석한 부분에서는 칼뱅의 신학에서 빗나간 점이 있지만, 구체적인 삶에 대한 강력한 적용면에서 본다면 말씀의 적용에 대한 그들의 열정을 이해할 수 있을 것이다. 특히 국가와 사회와 문화를 구축하기 위해서도 청교도들을 알아야 한다. 제임스 패커 신학자는 그의 책 『청교도 사상』에서 청교도의 목표는 영국국교회의 예배 형태를 근본적으로 수정할 뿐 아니라, 정치와 가정과 사회 경제 체계에 정의를 수립하고, 모든 영국인들을 살아 있는 복음적 신앙인으로 개종시키는 것이었음을 언급한다. 복음 전파와 가르침, 모든 예술과 과학과 기술들이 예수 그리스도의 복음과 그 능력을 통해 국가에 강력한 영향력을 제공함으로 하나님 나라를 확장하고, 또한 개인적일 뿐 아니라, 집합적인 경건의 귀감이 되어 세계의 축복의 수단이 되는 국가로 만드는 것이 그들의 목표이었다. 영국의 청교도들은 영국 사회와 문학의 정체에 대해서도 성경에 입각한 순결성과 엄격함을 소개하였다.

모든 방면에 걸쳐 그들에게는 변화에 대한 열정이 있었다고 평가할 수 있었다. 도덕의 청순함과 가정의 행복, 신앙의 고수를 강조하며, 문화예술의 방면에서도 품위를 고수하는 청교도들이 많았다. 설교자, 학자, 음악 애호가, 문학 애호가들이 많았고 그중에는 위에서 언급한 『천로역정』을 쓴 존 번연, 『실낙원』을 쓴 밀턴과 같은 청교도들이 포함되어 있다. 그리고 오랜 기간 동안 영국 의회의 절대다수가 청교도들이었다는 사실도 특이할 만하다. 그들은 대부분 신앙과 더불어 세련되고 개화된 지도자들이었다.

청교도들은 성경의 해석과 주해와 깊은 연구를 중심으로 신학을 전개하였다. 미디어가 극도로 발달한 현대의 보수적인 신학자들도 각각의 신학 내용을 가지고 있는데, 서로가 접촉하고 공유하기에 용이하지 않은 400여 년 전의 청교도 355명 성경학자들이 대부분 통일성 있는 신학을 전개했다는 것은 놀라운 일이다.

그 이유는 그들의 성경 해석법이 거의 동일했기 때문이다. 그들은 성경을 정확무오한 하나님의 말씀으로 신뢰하였으며, 성경이 전체적인 통일성을 갖추고 있는 것으로 이해했으며, 성경을 성경으로 해석하고자 했다. 이런 관점은 예수님과 사도들과 교부들이 가졌던 관점이다. 그들은 하나님의 말씀에 따라 삶의 모든 영역을 개혁하기를 원했다. 그들의 신앙은 사변과 지적 만족을 위해서가 아니라, 삶의 대한 신앙적인 고민과 더불어 삼위일체 하나님께 충성된 삶을 살고자 했다고 평가할 수 있다.

무엇보다 청교도들의 주석은 두 가지로 요약될 수 있는데, 첫째는 순전한 하나님의 말씀의 감동적인 깨달음과 둘째는 그 깨달은 말씀을 우리 생활에 어떻게 적용하는가 하는 것이다.

교회사를 통해서 볼 때 교회의 타락은 말씀의 잘못된 해석 때문이다. 청교도주의를 부흥 운동, 각성 운동으로 평가하게 되는 것은 근저에 성경의 올바른 해석을 바탕으로 한 설교가 자리 잡고 있었기 때문이다. 청교도 설교자들은 하나님의 말씀을 순전하게 전하는 설교를 잊지 않았다. 그들의 설교는 이 점을 분명하게 보여준다. 오늘날의 많은 교회가 여러 부흥가지 면에서 복음 증거의 어려운 상황에 이른 이유 중의 한 가지는 세속적 가치관을 가지고 성경을 자의적으로 해석하여 설교하기 때문이라고 할 수 있다. 이런 결과로 세속적 가치관이 교회를 이끌어가기 때문에 목회자들과 교회가 고전을 면치 못하고 있다. 청교도의 설교론에 있어서 강점은 적용인데, 이 점에서 교회 설교자들이 주목해야 할 것이다. 그들의 설교 적용은 매우 자세하고 구체적이며 분석적이다.

미국의 대각성 운동의 주역인 조나단 에드워즈(Jonathan

Edwards)도 성경의 내용을 생활에 적용하는 것을 잊지 않았다. 현대의 설교자들은 청교도들이 말하는 설교가 무엇인지에 귀를 기울이며, 순전한 복음 전파, 성령의 사역으로서의 설교, 경건한 목사의 삶, 구체적 설교의 적용을 기억한다면 오늘 우리의 교회가 영적으로 각성하며 변화를 경험하리라 확신한다.

끝으로 청교도들의 부흥에 대한 열정이다. 현대의 교회들이 점점 침체기에 빠지고 있다. 진정한 부흥의 역사가 절실히 요구되는 시대에 살고 있다. 교회사를 통해서 교회가 침체기에 있을 때 성령께서 갑자기 주권적으로 역사하신 것이 부흥의 역사다. 그중에 청교도 신앙 운동은 부흥이라는 단어를 사용하고 있지는 않지만, 부흥의 특징적인 요소를 가장 많이 가지고 있다고 할 수 있다.

부흥은 성령께서 교회에 속한 지체들을 통해 나태하고 잠자고 있는 교회 지체들을 일깨워서 활기 있게 소생시키는 것이라고 할 수 있다. 성령께서 임하실 때 지적으로만 진리를 깨달았던 것이 새롭고 더 깊이 있게 깨닫게 되고, 삶의 전반에서 겸손해지고, 죄를 깨달으면서 더욱 깊은 회개를 체험하며, 풍성한 구원과 그 능력을 깨닫고 느끼게 되는 것이다. 그래서 그리스도인들은 새롭게 생명의 능력을 얻게 됨으로 뜨거운 기도를 시작하며, 새로운 능력으로 말씀이 증거되고 수많은 사람들이 회심하고 하나님 앞에 서는 진실한 그리스도인으로 돌아오게 되는 일이라고 할 수 있다. 이런 부흥이 바로 청교도 운동의 시대의 역사라고 할 수 있다.

　부흥을 말하지 않으면서 청교도 신앙 운동과 개혁주의 신학을 말하는 것은 잘못된 것이다. 부흥은 이 시대에 하나님의 주권을 가장 잘 드러내는 일이므로, 우리는 개혁주의 신학의 가장 중요한 신학의 주제인 하나님의 주권에 충실한 개혁주의 신앙의 그리스도인들이 되어야 할 것이다. 조나단 에드워즈가 말하듯이 부흥이 인간의 마음에 대한 하나님의 직접적인 행동이요 하나님의 영광스러운 사역이라면 부흥에 반대하는 일은 하나님의 마음을 거스르는 위험스러운 일이 될 수 있을 것이다. 이제 기독교 공동체는 하나님의 주권적 역사인 이 부흥에 대하여 지도자들의 책임을 통감하면서 개혁주의 지도자라면 부흥의 준비를 위하여 하나님의 위대한 역사를 기대하며, 죄인들을 각성시키고, 회심시키는 일을 감당해야 하며, 성도들을 굳게 세우고 위로하는 일을 해야만 하는 것이다. 이것이 하나님의 주권과 인간의 책임에 대한 개혁주의 신학을 그대로 반영하는 신학과 신앙의 삶이라고 할 수 있을 것이다.

　청교도들은 삼위일체 하나님과의 관계를 중요하게 생각하며 지성과 열정(affection) 모두에 호소하였고 인간의 영혼을 깊이 연구한 그리스도인들이다. 청교도 신앙은 하나의 역사일 뿐 아니라, 오늘을 살아가는 모든 교회들에게 신앙과 삶에 대해 가장 성경적인 빛을 비춰 주는 운동으로, 청교도 신앙 거장들의 삶과 글에서 역력하게 볼 수 있는 운동이기에, 현대 교회는 필수적으로 청교도 운동을 심도 깊게 알아야 할 것이다. 청교도는 이론이 아니라 삶이며, 사변이 아니라 구체적 내용이며, 진리의 피상이 아니라 진리의 심연이며, 우리를 그리스도에게로 이끄는 매우 중요한 교량 역할을 하는 것이므로 청교도를 알고 연구하고 적용하여 열매 맺는 신앙의 삶이 되게 함으로, 하나님 나라의 유익과 그의 영광을 위해 살아가고자 하는 열정에 계속 불을 지펴야 할 것이다.

교리 및 신조

청교도의 교리는 단순하면서도 다양한 주제를 가지고 있다.

청교도는 어떤 특정한 기독교 집단이나 교파가 아니다. 청교도 운동의 지도자였던 '웰리암 에임즈'는 "청교도주의란 하나님께 의존하는 생활"이라고 정의하였다. 청교도주의 개혁은 하나님에 대한 철저한 믿음(율법과 은총)을 가지며 교리와 신앙과 생활이 일치되고 매일 매일의 성스러운 삶이 하나님의 영광을 위해서 살아가는 성숙한 그리스도인이 되고자 하는 것이다. 따라서 청교도들은 하나님의 자녀들이고 그리스도의 형제들이며 영원한 왕국의 상속자들이다. 그러므로 주님을 향한 열렬한 헌신은 하나님의 자녀됨과 그리스도 안에서 성도의 도리를 감사함으로 표현하는 것이다. 또한 청교도인의 삶이란 항상 주와 연합하여 그리스도의 은총을 마음 가운데 간직하는 생활이다. 청교도의 교리는 장로교와 별개의 것이 아니고 오히려 더 풍성하고 발전적이라 할 수 있다. 청교도의 교리는 성도로 하여금 올바른 실행을 가져오게 한다. 청교도들은 하나님 중심의 신학 사상과 생활을 교리적으로 몸소 실행했는데, 그 교리를 간추려 보면 다음과 같다.

주님의 말씀의 가르침대로 인간의 전 인격을 통합시키는 생활 철학이다. 청교도들은 주님의 말씀이 모든 진리에 기초가 된다고 가르치고 있다. 청교도들은 칼뱅주의에 의해서 주님만이 인간의 모든 필요에 대한 유일한 답변서라고 믿었다. 제임스 패커 박사는 칼뱅주의 기본 원칙은 "성경적 원리로서 인간의 구원이란 예수님께 속한 것이다."라고 말하였다.

청교도 운동에서는 "구원사역을 성부 하나님의 선택, 성자 하나님의 속죄, 성령 하나님의 효과적인 소명을 강조하였다. 청교도주의는 전통신앙과 열성적인 헌신의 건전한 결합이다. 예수 그리스도께서 인간을 죄로부터 깨끗케 하시기 위해서 그의 죄 없는 피를 인간을 위해서 흘려주셨다. 그는 또한 인간을 죄로부터 자유롭게 하였다."라고 보고 있다. 그래서 청교도 목사들은 하나님의 말씀을 주의

깊고 철저하게 연구했으며 그 진리를 청중들에게 전해 주었다.

　청교도 운동의 특징 중의 하나는 무엇보다도 예배에 관한 독자적인 방법이다. 예배를 위한 장소는 장엄한 구조를 가진 교회라고 할지라도 건물이나 목사에게서 화려한 장식을 찾아볼 수 없다는 것을 발견할 수 있다. 청교도는 성스러운 건축에 대하여 관심을 두지 않는다. 청교도들은 존 낙스의 제네바 예배서에 기초하여 주님의 말씀이 전능이라는 교의를 받아들였다.

　또한 예배의 질서와 자유 사이를 조화 있게 유지하였다. 예배에 들어가기 전에 매우 경건한 분위기와 침묵으로 성스러운 예배를 준비한다. 청교도들은 말씀을 들을 때 듣게 될 말씀이 무엇이든지간에 듣는 자에게 영혼을 준비시켜야만 한다. "하나님께 쉬지 않고 감사함은 너희가 우리에게 들은 바 하나님의 말씀을 받을 때에 사람의 말로 아니하고 하나님의 말씀으로 받음이니 진실로 그러하다. 이 말씀이 또한 너희 믿는 자 속에서 역사하느니라"(살전 3:13).

　청교도의 예배에 대한 규례에 의하면 하나님의 말씀을 듣기 위한 준비 과정을 다음과 같이 표현하고 있다. "하나님께서 당신의 눈을 뜨게 해주시고 가슴을 열게 해주시기 전에 먼저 기도를 드리고 그의 말씀을 따르라. 오! 주여 저의 눈을 뜨게 하옵시고 내가 당신의 기적을 이해하게 하옵소서. 오! 주여 나의 눈을 뜨게 하옵시고 마음을 열게 하옵소서. 주여 저의 마음은 자연히 당신의 말씀을 듣는 데 필요한 문이 닫혀 있고 제 마음 안에 아주 단단히 잠겨 있어서 당신은 나의 마음을 열어 주지 않으신다면 절대로 열리지 않을 것입니다." 이렇게 기도하라고 했다.

그런데 청교도 목회자들은 말의 아름다운 것으로 전하지 않는다. 설교의 구조는 성경 본문과 매우 밀접하게 연결되었고 그들의 설교는 종종 성경 재진술에 불과하다. 즉 하나님의 말씀을 손상시키지 않으려 한다. 청교도 설교는 절대로 단순한 지식의 발휘가 아니라 행동의 요구로 거의 언제나 회중들의 응답을 요구한다.

설교의 주제들은 거의 죄 문제, 거룩한 삶의 소명, 구원, 그리스도의 인격과 사역, 교회와 가정에서 청교도 삶 등이다. 한편 목회자들은 설교에서 공통적인 표현으로 하나님께 순종과 충성을 강조했으며 양 떼들에게 신앙과 의무를 이행하라고 강조했으며 경건한 생활을 위해서 많은 시간을 기도로 보냈다. 설교를 듣고 난 후에도 설교의 말씀이 몸에 배도록 스스로의 반성 시간을 갖는다. 또 받은 은혜를 간증한다. 하나님께서 성령으로 마음에 말씀을 간직하게 해주시도록 주님께 기도한다.

교회관

청교도 운동의 교회관은 철저하다. 청교도가 교인이 된다는 것은 "나의 주시며 나의 하나님이시니이다."(요 20:28)라는 신실한 신앙고백을 할 수 있는 자라는 것을 전제한다. 청교도 교인이 된다는 것은 주 예수 그리스도의 생애와 가르침을 통하여 그리스도께서 우리에게 보여주신 바대로 우리의 인격과 품행이 그리스도를 닮고자 하여 충성을 서원하는 것이다.

청교도 교인은 그리스도를 중심한 신앙을 통하여 신앙 공동체를 세워가는 데 연대하며 서로를 믿음 안에서 이해하고 서로의 고통과 행복을 나누며 그리스도 안에서 이웃에게 봉사한다. 이러한 것들이

모두 그리스도를 따르는 성도의 교제와 돌봄의 한 부분들이다. 청교도 교인은 공적인 예배와 기도회, 각종 봉사활동을 통하여 하나님께 영광을 돌리며 다른 교우들과 교제하고 서로에게 힘과 용기를 주어야 한다. 각 교인들은 하나님이 주신 은혜대로 자신의 재능이나 시간 또는 물질, 기도를 통하여 모든 이의 필요를 따라 공급하고 하나님의 일을 위해 서로가 협력하는 것을 기뻐해야 한다. 청교도 교인이 된다는 것은 그리스도의 사랑과 이상을 우리의 삶과 가정, 그리고 우리의 매일 생활 속에서 실천하는 것이다. 다른 사람과의 관계는 더 깊고 순수해야 하며 선한 일에 기뻐하고 이웃의 성공을 기뻐하며 의의 승리를 즐거워해야 한다. 이는 우리들이 그리스도와의 교제를 나눈 교인들이기 때문이다. 청교도 교인이 된다는 것은 죄에 대하여 사죄의 은총을 깨닫고 평생 동안 성도의 사명을 위해 힘을 다해야 한다. 그 까닭은 바랄 가치가 있는 내세에 소망을 확신하기 때문이다. 다시 말하면 우리는 하나님의 자녀로서 천국에 시민권자이기 때문이다(빌 3:20).

"교회의 머리는 우리 주 예수 그리스도이시다. 따라서 그 능력 안에서 우리는 주 예수 그리스도와 연합을 소유한다." "교회는 최초로 그리스도 자신에 의해 시작되었고 나중에 사도들에 의해 실행되었다." 따라서 청교도 목회자들의 설교에서는 교회를 그리스도의 신부로 그리고 주 예수의 신비한 몸으로 묘사되었다(엡 5:2). 몸은 하나이나 많은 지체가 있듯이 그리스도와 교회도 그러하다(고전 12:12). 그러나 그리스도 안에서 연합되고 한 성령을 가지고 있다.

청교도에서 말하는 무형교회(보편적 교회)는 오로지 하나이다. 성령으로 말미암아 세례를 받음으로 무형교회의 지체들이 된다. 그리스도인이란 성부 성자 성령 하나님을 진정으로 믿으며 오직 믿음으로 말미암아 구원을 받으며 사랑으로 행하는 자를 말한다.

청교도에서 말하는 교회는 다양하다. 그리스도 안에서 똑같은 위치가 아니다. 따라서 능력과 은사 등이 다르며 용모도 다르다. 영적인 건강도 다르다.

교회행정

　교회에서 성도들의 직무에 대한 청교도의 입장은 단순하다. 여러 해가 바뀌어도 주일에 드리는 예배는 형식을 떠난 자유적인 분위기에서 진행된다. 이날은 성스러운 날로 정하고 모든 일에서 멈추고 하루를 축제의 날로 지키는 것이다. 주일예배는 성도들의 찬양과 성스러운 찬송, 성경 말씀 낭독, 기도 그리고 설교 등으로 이어지고 예배가 끝나면 온 성도들의 친교가 시작된다.

　오늘날 현대 교회의 전통적인 예배와 별 차이가 없으나 한 가지 다른 것은 주보의 순서에 따라 예배가 진행되는 것이 아니고 성도들의 자유로운 분위기에서 예배가 진행됨으로 예배의 순서와 절차가 바뀔 수도 있다.

주일예배가 끝나면 어린이 주일학교와 다양한 계층에 다라 장년 교육 프로그램이 시작된다. 청교도에서는 유아세례를 중요시 여기는데 예배 순서의 앞에 진행된다.

청교도에서 교회의 친교는 교회의 기능 중 하나이다. 성도들 간의 친교는 물론 청교도인으로 책임을 가지고 사회봉사의 의무를 가지게 되는데 이 친교는 정의로운 사회를 만들기 위해 반드시 필요한 요소로 규정되어 있다.

청교도에서 진행되는 교회의 행정은 매우 자유롭다. 청교도 교회들은 자치권을 가진다. 청교도 교회는 그리스도를 따르기로 스스로 맹세한 사람들의 모임의 장이다. 청교도 성도들은 주님의 인도를 따라 자신들의 생활과 일을 정하며 어떠한 조직의 결정이 비성경적이라고 생각될 때에는 받아들이지 않는다. 청교도 교회의 최고의 권위는 말씀이며 성령을 통하여 우리를 권고하시고 감화시키시는 예수 그리스도의 권위이시다. 교회 밖의 어떤 조직의 결정은 단지 충고나 의견일 뿐으로 생각한다.

청교도 신앙 안에서는 감독자나, 주교, 교황, 노회, 총회, 혹은 전

국전인 회의 등과 같은 어떠한 권력자도 없으며 교회 정책이나 프로그램, 재정, 예배의 참석, 목사와 교인과의 관계 혹은 그밖에 모든 일들은 각 교회에 그 권한이 있다. 청교도 교인들은 이러한 형태의 교회 조직이 초대교회에 가장 가깝다고 느끼며, 지역이나 시대에 맞게 그리스도의 교회를 가장 효과적으로 이루어 나갈 수 있다고 믿는다.

그러나 예수 그리스도가 교회의 절대적인 통치자라는 청교도 신앙의 주장은 다른 교파들과의 협력을 이루어가는 기본이 되고 있다. 청교도 교회에 입교하게 되면 그리스도 안에서 모든 믿는 자들은 하나라고 하는(무형교회) 포괄적인 시야를 갖게 된다. 이러한 청교도 신앙의 입장은 교파에 관계없이 모든 그리스도인에게 경건되고 사려 깊은 결정이라고 받아들여지고 있다. 세계교회(무형교회)가 하나라고 하는 것은 그리스도의 뜻과 일치하며 모든 크리스천에게 큰 책임감을 부여함이 명백한 사실이다.

각 교회는 이웃 교회를 돌아볼 무거운 책임을 져야 한다는 것 또한 분명하다. 흔히 "청교도 교회들"이라고 말할 때는 조직을 위주로 한 것이 아니다. 다만 그리스도 안에서 서로를 동등하게 여기며 주 안에서 같은 언약의 말씀을 믿고 교제를 나누는데 있다. 청교도 교회들은 각각 다른 청교도 교회(혹은 형제교회)의 가치를 살피고 돌아보는 것이 주님의 뜻이라고 믿고 행한다. 청교도 교회 간의 교제는 선교사역이나, 교육, 출판 그리고 교회들이 그때마다 하는 행사들을 통하여 이루어진다.

청교도들은 신조보다는 오히려 확신에 강조점을 두었다. 오늘날 미국의 청교도 교회(Congregational Church)는 진리 안에서 자유로운 성도의 교제를 강조하는 청교도들의 교회이다. 청교도 교인들은 성부 하나님과 성자 예수님, 성령의 인도하심을 믿고, 예배와 기도의 중요성을 철저하게 믿으며 세례와 성찬의 중요성과 은혜의 수단으로 그 가치성을 믿는다. 또한 사악한 사탄의 역사를 예수 그리스도의 권세로 물리칠 수 있다고 믿는다.

청교도 교인들은 모든 회원들을 서로 묶는 형식적인 조항들을 받아들이지 않는다. 이것은 신조나 강령 등이 중요하지 않다고 생각해서가 아니라 주 안에서의 지적 자유와 개인적 체험에 대한 자유를 누리게 함이다. 그래서 각 청교도 성도들은 하나님의 말씀을 해석할 수 있고 신앙 양심의 자유를 가지고 있다. 청교도 교회 안에서는 크리스천들의 믿음과 신앙 양심을 제한하는 어떠한 규정도 없다. 이것은 우리 안에 서로 받은 은사가 다양하다는 것을 의미한다. 우리는 다만 서로 받은 은사대로 주를 높이고자 하는 믿음의 결단이 존중시 되어야 한다고 생각한다.

청교도 교인의 책임들은 다음과 같다.

각 교회마다 각기 다른 책임들과 의무를 가지고 있으며 회원들의 특권들을 가지고 있다. 그러나 어떠한 경우에도 다음과 같은 규칙을 어겨서는 안 된다. 신실한 기독교인의 신앙을 가질 것, 예배와 교회 모임에 출석할 것, 정기적으로 기도할 것, 하나님이 주신 능력대로 교회의 활동과 생활에 참여할 것, 가정에서 교회의 일, 선교 프로그램, 사회사업, 교육, 의료사업 등을 할 것, 체계적으로 경제적 지원을 할 것, 일상생활에서 특히 직장 안에서 하나님의 인도하심을 찾고 따를 것 그리고 가난하고 고통당하고 약하고 외롭고 병든 자들에게 친절한 보살핌을 보일 것, 교회 안에서 영적인 조화를 추진하고 항상 인내와 이해와 사랑으로 예수님의 길을 따를 것, 엄격히 자신의 개인적인 성격을 다스릴 것, 그리스도의 사랑과 성도 간의 교제의 기쁨을 가지기 위해 노력할 것 등이다.

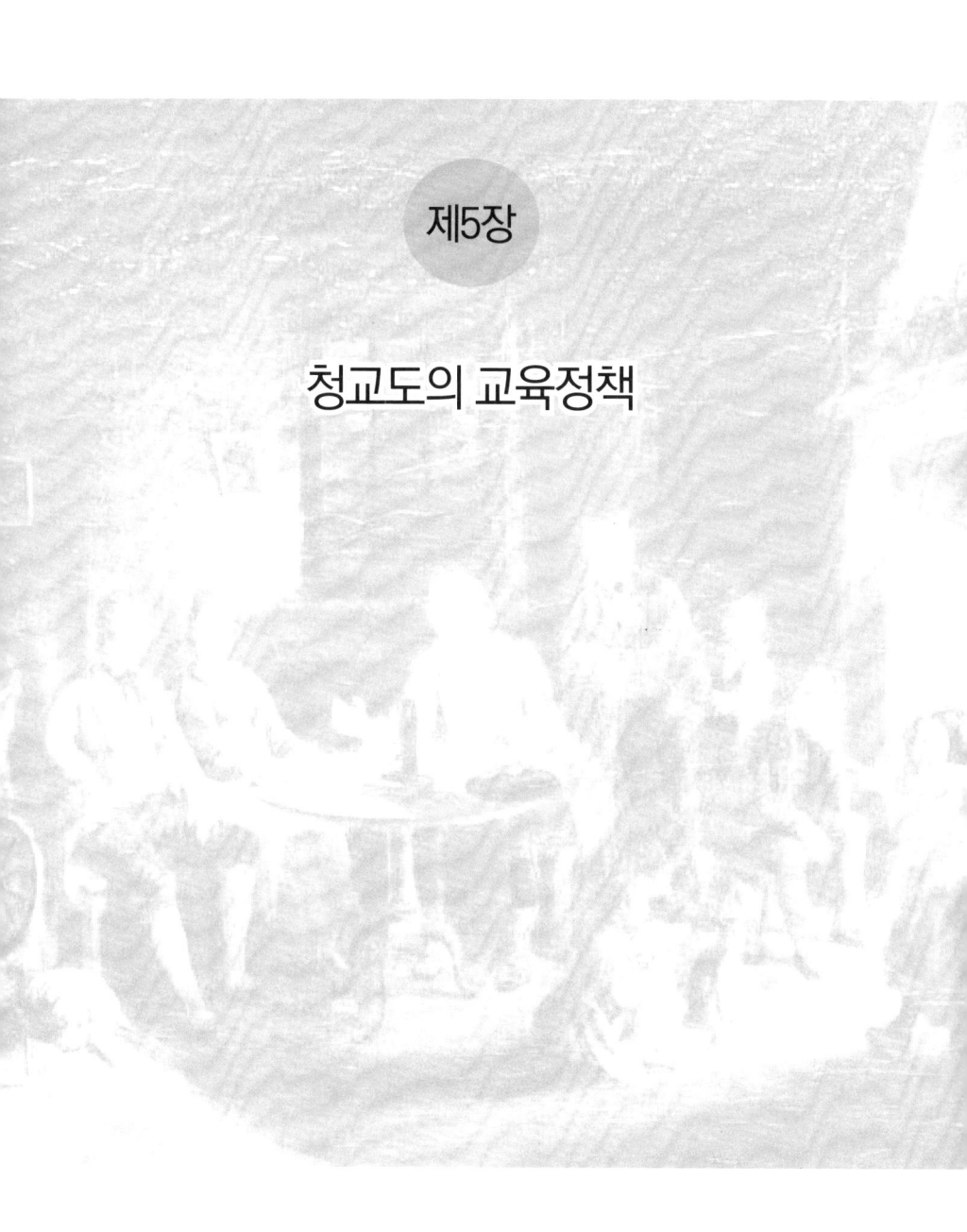

제5장

청교도의 교육정책

가정생활

청교도 운동의 가정관은 다음과 같이 행해지고 있다. 청교도 가정은 모든 제도 중에 가장 중요한 제도이다. 가정은 하나의 신앙 단체이고, 정부이고, 교회이다. 결혼을 매우 존중시 여기고 배우자를 사랑한다. 그러나 신앙에 방해를 받을 정도로 사랑하지 않아야 한다. 가정은 교회의 양성소이다.

경건한 가정을 유지하며 혼란과 무질서로부터 가정을 보호한다. 부모들은 화를 내서 책망하지 않고 충분한 권위로 자녀들의 법이 되게 한다. 부모에게 복종하는 것이 자녀의 의무이다. 청교도 자녀들은 큰 기대를 받는다. 청교도 신앙 교육과 실천은 가정생활에 있어 필수

적인 것이다.(매일 아침과 저녁 성경 봉독, 기도, 시편 찬송, 가정예배 등)

    청교도들은 성령으로 다스림을 받는 가정을 만들기 위해서 가정이 무엇인지를 아는 것이 우선 되어야 한다고 말한다. 그들에게서 가정은 하나님께서 세우신 최초의 창조 질서이다. 가정은 교회가 존재하기 전에 있었고 국가제도가 생기기 전에 있었다. 그러므로 가정의 개혁은 그 어떤 창조의 질서 개혁보다 우선한다. 청교도들은 말씀과 성령이 다스리는 가정을 만들기 위해 가정의 시초가 되는 부부관계의 정립이 우선적으로 요청된다고 보았다. 그러면 청교도들의 의중에 있던 가정이란 무엇인지 알아볼 필요가 있다.

    가정은 죄와 상관없이 시작되었다는 말은 결혼제도는 어떠한 제도보다도 신성하다는 말이다. 그러므로 청교도들은 모든 사람은 결혼해야 한다고 하였다. 그러나 로마 천주교회는 경건을 핑계로 성직자의 결혼을 금하고 있다. 그들이 주장하기를 부부생활은 성직자들이 추구해야 할 금욕을 깨는 것이며 금욕을 깨는 것이 바로 죄라고 한다. 이와 같은 성직자의 독신사상은 성경의 교훈을 오해한 데서 비롯된 것이다.

    청교도에서 말하는 결혼의 목적은 다음과 같다.

청교도들은 가정의 기원, 가정생활의 원리를 제시하면서 하나님의 말씀이 다스리는 행복한 가정은 바로 가정을 세우신 목적을 아는 데서 시작된다고 보았다. 하나님이 가정을 세우신 1차적인 목적은 종족의 보존에 있다. 왜냐하면 하나님은 인류에게 "생육하고 번성하여 땅에 충만하라."고 명령하고 있기 때문이다(창 1:28). 그러면 자녀를 두지 못하는 결혼은 잘못된 것인가? 그렇지 않다. 왜냐하면 자녀들은 결혼으로 반드시 주어지는 것이 아니라 하나님의 선물이기 때문이다

그러므로 결혼의 궁극적인 목적을 단지 자녀의 생산에 두는 로마 천주교도들의 주장은 잘못된 것이라고 보고 있다.

성경에서 제시하는 결혼의 다른 목적은 음란을 방지하는 데 있다. 성경은 인간들에게 음란을 방지하기 위하여 "남자마다 자기 아내를 두고 여자마다 자기 남편을 두라"고 하였다. 결혼의 다른 목적은 거룩한 자녀를 두기 위함에 있다(말 2:15). 그러나 무엇보다도 하나님께서 결혼제도를 세우신 궁극적인 목적은 서로 '돕는 배필'이 되는 데 있다(창 2:18). 하와를 지으신 목적은 '돕는 배필'이 되게 하신 것이다.

남편과 아내는 서로 도와 하나님이 각자에게 주신 소명을 이루어

나아가야 한다고 하였다. 하나님이 주신 소명을 이루어가는 그때에 하나님의 나라 곧 말씀과 성령이 다스리는 가정이 이루어지며 가정의 개혁이 이루어지기 때문이다.

자녀교육

청교도의 자녀 교육은 아주 까다롭다. 하나님의 사랑과 축복이 넘치는 행복한 가정은 부부의 관계만을 통하여 이루어지는 것은 아니다. 오히려 부모와 자녀가 함께 하나님을 섬기는 가운데 이루어진다. 그러므로 청교도들은 행복한 가정을 이루기 위해서는 자녀를 말씀에 근거하여 양육할 것을 주장하였다. 자녀를 양육하는 데 있어서의 부모의 역할은 자녀의 양육에 필요한 물질을 공급해 주는 것만을 의미하지 않는다. 청교도들은 물질적인 것 이상으로 영적인 양식을 공급하는 것이야말로 부모의 의무라고 주장하였다.

그렇다면 청교도 운동의 교육의 궁극적 목표는 무엇인가? 청교도들은 인간을 죄악 덩어리라고 믿었다. 왜냐하면 모든 인간은 죄악 가운데 태어나며 죄악 가운데 생활하기 때문이다. 그러므로 목사 또는 장로도 하나님의 말씀으로 거듭나지 않고는 천국의 보화를 상속할 수 없다고 강조한다.

청교도들에게 교육의 목적은 하나님과 성경을 아는 것이었다. 따라서 그들은 교육의 과제를 이 세상에서 출세하는 것보다는 성경을 가르치는 일을 우선적인 과제로 생각하였다. 부모가 자녀들의 영적인 성장과 축복을 누리는 데 관심을 가지는 것보다도 세상적인 성공만을 바라는 것은 "신발에만 관심을 갖고 발에는 관심을 두지 않는 것과 같다"라고 지적하였다. 사실상 우리가 우리의 자녀를 세상적인 일에 출세하는 것을 교육할 때 그 부분에서는 성공할 수 있을 것이다. 그러나 그것만이 교육의 전부는 아니다. 만일 자녀에 대한 관심이 단지 현세적인 부귀와 영화라면 이 세상만을 위하여 사는 자녀를 만들 것이다. 그리고 자녀를 이 세상만을 위하여 살아가게 한다면 자녀의 몫은 이 세상밖에 기대할 것이 없다고 패커슨 교수는 청교도의 교육관을 설명하였다.

청교도들이 이와 같이 영적인 교육을 강조한 것은 인간은 누구나 성경과 구원에 대해 무지하게 태어나기 때문이다. 사람은 누구나 성경적인 교육을 받지 않고는 하나님이 어떠한 분이신지, 예수 그리스도가 누구인지 그리고 그가 행하신 일이 무엇인지, 성령께서는 무엇을 행하시는지를 전혀 알지 못하는 가운데 살아간다. 따라서 그들은 영적인 무지 가운데 살 수 밖에 없으며 천국과 지옥이 무엇인지 모르는 채 짐승과 같이 본능을 따라 살 수밖에 없다고 강하게 주장한다.

그러므로 영적인 교육 없이는 비록 목사의 자녀라 하더라도 하나님의 진노 아래 있는 것이다. 왜냐하면 죄성을 따라 살아가는 인간에게는 하나님의 진노가 머물러 있기 때문이다.

청교도는 자녀의 교육에 대하여 다음과 같이 강력한 문제를 제시하고 있다.

하나님의 진노를 피하기 위해서 무엇을 해야 하나? 영적인 변화를 받아야 한다. 곧 하나님의 자녀로 거듭나는 체험을 통하여 하나님의 진노를 피할 수 있다. 거듭남의 체험은 어떻게 가능한가?

거듭남의 체험은 인간의 수행이나 세상적인 많은 지식으로 가능한 것이 아니라 하나님의 말씀을 접함으로 가능하다. 왜냐하면 거듭남은 하나님의 말씀을 통하여 이루어지며, 하나님의 말씀에 대한 믿음은 들음에서 오기 때문이다. 그러므로 코튼 매더는 말하기를 "세상적인 지식이 없어도 하늘나라에 갈 수 있으나 기독교에 대한 지식이 없이는 하늘나라에 들어갈 수 없습니다."라고 하였다.

그러므로 청교도들은 그들의 자녀를 먼저 하나님의 말씀으로 양육하고자 하였다. 뉴잉글랜드의 대표적인 청교도 설교자였던 존 코튼은 맹목적으로 "아이들에게 글을 가르치라"하지 않고, "성경을 읽을 수 있도록 글을 가르치라"고 하였다. 다른 말로 한다면 자녀를 교육하는 목적은 성경을 읽게 하는 데 있다는 것이다. 또한 벤쟈민 워드워스는 "만일 귀하의 자녀가 글을 읽을 수 없다면 글을 가르치시오. 그러나 글을 읽을 수 있다면 성경을 읽지 않고 하루가 지나가지 않게 하시오."라고 하였다. 이와 같이 청교도들은 자녀 교육의 궁극적인 목적을 신앙 교육에 두었다.

청교도들에게 자녀들을 영적으로 교육하는 것은 부모의 가장 큰 의무였다. 만일 자녀를 영적으로 교육하지 않을 때 언제인가 그들의 자녀는 그들을 저주할 날이 오게 될 것이라는 것이 청교도들의 공통된 의견이었다.

자녀들을 영적으로 교육하기 위하여 청교도들은 자녀들을 수시로 또는 정기적으로 교육하였다. 청교도들은 앉았을 때나 서 있을 때, 걸을 때, 옷을 입을 때나 벗을 때, 아침이나 저녁을 막론하고 하나님의 말씀에 따라 그들의 자녀들을 수시로 교육하였다. 또한 그들은 정기적으로 자녀들에게 말씀을 교육하였는데 주로 가정의 책임 아래 이루어졌다. 청교도들은 아침과 저녁으로 가정예배를 드리면서 가장은 가정예배를 통하여 그의 자녀들에게 정기적인 신앙 교육을 실시하였다.

또한 매 주일에 한 번씩 모든 식구를 불러 모아 교리문답서를 교육하는 것도 등한시하지 않았다. 기독교 교리의 핵심을 다루고 있는 교리문답교육은 루터와 칼뱅 이후 기독교 교육으로 크게 활용되었는데, 대부분의 영국과 뉴잉글랜드의 청교도 목사들은 교리문답서를 작성하여 자신의 교회에서 사용하곤 하였다. 어린아이는 입이 좁은 병과 같아서 조금씩 하나님의 말씀을 불어 넣으면 그리스도의 충만한 분량에 이르기까지 자랄 수 있다고 말한 것처럼 청교도들은 시간이 허용되는 대로 자녀에게 조금씩 말씀을 주입하므로 그리스도의 신실한 백성으로 양육하고자 하였다.

그렇다면 성경은 매에 대하여 무엇이라고 말하는가? 성경은 자녀에게 매를 댈 것을 주장한다. 잠언 22장 15절에 "아이의 마음에는 미련한 것이 얽혔으나 징계하는 채찍이 이를 멀리 하느니라." 하였고, 잠언 23장 13-14절에 "아이를 훈계하지 아니치 말라 채찍으로 때릴지라도 죽지 아니하리라 그를 채찍으로 때리면 그 영혼을 음부에서 구원하리라."고 하였다.

이와 같은 성경의 가르침을 따라 청교도들은 자녀 교육을 위하여 매를 사용하였다. 청교도들에 의하면 매는 말씀의 교육 효과를 높여 준다고 하였다. 코튼 매더는 "아이들로 저주 아래 있게 하는 것보다는 매를 대라."고 하였고, 인디안의 지도자 존 엘리어트는 말하기를 "매는 아이의 부패한 심령을 고친다."라고 하였다. 물론 청교도들이 매를 사용할 것을 제안한 것은 인격적인 설득과 사랑을 전제로 하는 것이다. 청교도들이 매를 사용하는 데는 교양과 훈계(엡 6:4)와 사랑(히 12:8-10)을 전제로 하는 것이다.

그러므로 사랑의 동기가 아닌 징계, 곧 과격한 체벌은 엄격히 규제되었다. 왜냐하면 매는 아이의 감정이나 육체를 상하게 하는 데 목적이 있는 것이 아니라 그들의 영혼을 죄에서 구원하는 데 있기 때문이다.

청교도들에게 학교 교육의 주된 목적 역시 그들의 자녀들을 기독교인으로 만드는 데 있었다. 뉴잉글랜드 청교도들의 학교제도는 초등학교, 중등학교, 그리고 대학으로 구성되어 있었다. 이와 같은 학교체제에서 교육 내용은 바로 기독교에 관한 것뿐이었다.

오늘날 그리스도인들은 자녀의 신앙 교육을 교회에 주로 의존한다. 그러나 청교도들은 자녀의 신앙 교육에서 교회교육이나 학교교육보다는 가정에서 신앙 교육을 우선으로 여겼다. 곧 청교도들은 가정교육과 학교교육을 근거로 하여 교회에서의 신앙 교육을 실시하였다.

자녀의 영혼을 타인에게 맡기는 것보다는 부모 스스로가 우선적으로 책임지겠다는 것이 바로 청교도들의 생각이었다. 따라서 청교도들은 자녀들이 어렸을 때부터 가정에서 신앙으로 교육하였고 목사의 설교를 이해할 수 있는 나이가 되면 장년 예배에 참석케 하여 설교를 듣게 하였다. 설교 말씀을 듣는 것보다 더 나은 신앙 교육 방법은 없었다. 따라서 부모들은 설교 시간에 아이들이 설교를 이해하도록 도와주었고 설교 말씀을 통하여 신앙적인 격려를 행하는 것을 게을리 하지 않았다. 예배가 끝나면 집에 돌아와 가장은 자녀에게 설교 시간에 무엇을 들었으며 얼마나 이해했는지 어려운 말씀은 없었나를 살핀 다음, 그들에게 들은 말씀을 설명하고 생활 가운데 실천하도록 하였다. 이와 같이 청교도들은 가정, 주일학교 교육을 통하여 하나의 신실한 성도를 생산함으로 경건한 가정, 경건한 교회, 경건한 사회를 건설하고자 하였다.

가정예배

　청교도들은 형식적이고 의식에 치우친 예배를 배격하고 하나님 말씀에 근거한 순수한 예배, 간결한 예배를 사모하였다. 그들은 "그리스도인의 예배는 사모함이다."라고 하며 청교도들이 주일을 지키는 것은 하나님을 예배하기 위함이고 그들은 기독교 예배의 세 가지 영역이 있다고 말한다. 곧 지역교회에서의 공적예배와 가족 단위의 가정예배와 골방에서의 개인예배인 것이다.

　이중에서도 공적예배가 가장 중요했다. 공적예배는 주일에 드리는 것을 말한다. 주일은 아침과 오후 혹은 저녁의 공적예배를 중심으로 이루어져 있다. 주일예배는 중생한 자들만의 특권이며 동시에 의무라고 말한다. 그리고 그들에게서 발견하는 특징 가운데 가정에서 드리는 예배는 가장 중요한 의무 중에 하나이다. 웨스트민스터 예배모범을 보면 "모든 가정이 통상 아침과 저녁에 시행하야 하는 가정예배는 기도와 성경 읽기와 찬양으로 이루어진다."라고 말한다.

가정예배를 위해서는 "단지 2명만 있어도 된다."고 하며, "마음만 올바르게 갖추어져 있다면 가정예배를 드리는 데 있어 다른 어떤 비장한 능력을 필요로 하지 않다."고 했다. 하나님을 경외하는 모든 부모들이 가정예배를 지속적으로 시행해야 하는 이유를 이렇게 제시한다. "부부와 자녀들의 영원한 복락을 위해, 선한 양심의 만족을 위해, 자녀 양육의 도움을 위해, 주어진 시간이 짧기에 하나님과 그의 교회에 대한 사랑 때문에 가정에서 매일 지속적으로 예배해야 한다."고 강조한다.

청교도들은 저녁에 드리는 가정예배에서 인생의 모든 여정을 마치고 임종을 맞는 사람처럼 깊은 잠을 자기 전에 하루의 일과를 돌아봄으로 자기의 성찰을 하는 시간으로 삼았다. 따라서 청교도들에게 저녁예배는 아침예배보다도 진지하였고, 늘 하나님의 은혜에 대한 칭송이 있었다. 이와 같이 가정예배를 통하여 청교도들은 가정의 경건을 유지하였다.

청교도들에게 무엇보다도 중요한 과제는 하나님의 나라의 실현이었다. 그들은 "너희는 먼저 그의 나라와 그의 의를 구하라. 그리하면 이 모든 것을 너희에게 더하시리라."(마 6:33)고 하신 말씀에 따라 이 세상에서의 성공보다는 그리스도의 나라에서 상 받기를 바라고 분투하였다. 그 결과로 청교도들은 영적으로나 육적으로도 엄청난 축복을 받았다.

비록 이 세상에서 행복을 누리는 것보다도 하나님의 나라에서 영원한 축복을 누리는 것을 우선시하였지만, 그들은 세상적인 축복도 넘치도록 받았다. 먼저 미국 10대 명문대학 가운데 하나인 듀크 대학의 교수 죠지 마스덴의 연구 보고를 살펴보자. 그에 의하면 제1차 세계대전 이전 미국의 정치, 문화, 경제계를 이끌어왔던 인물 가운데 8명 중 2명은 미국에 이민 온 다양한 인종들로서 그들은 바로 청교도의 후손이거나 청교도적인 신앙 교육을 받은 사람들이었다.

청교도들은 영국국교회의 고정된 기도서를 거절하고 즉석기도를 했다. 그들은 주일은 물론 일주일 내내 개인기도와 가족기도로 충만했다. 청교도의 창시자라 할 수 있는 존 낙스(John Knox, 1513-1572)의 말처럼 청교도들은 기도의 사람들이었다. 특히 청교도들은 경건한 생활을 위해서 많은 시간을 기도로 보냈으며 기도의 의무 실천을 계속하는 것이었다. 이러한 그들의 기도에 대한 의무가 대교리문답 제185번 질문과 제186번 질문에 잘 나타나 있다.

"우리는 어떻게 기도해야 합니까?" 이에 대한 대답은 "우리는 하나님의 위엄에 대한 엄숙한 이해와 우리 자신의 무가치함과 죄에 대한 깊은 의식과 통회하며 감사하는 열띤 마음을 가지고 이해, 믿음, 성실, 사랑과 인내로써 하나님을 바라며, 그의 뜻에 겸손히 복종함으로 기도해야 할 것입니다."

제186번 질문은 "하나님께서 기도의 의무에 관한 우리의 지침으로 어떠한 규칙을 주셨습니까?" 이에 대한 대답은 "하나님의 말씀 전체가 기도의 의무에 관한 지침으로 사용되지만, 특별한 기도 법칙은 우리 구주 그리스도께서 자기 제자들에게 가르치신 기도의 양식인데 곧 주기도문이라고 하는 것입니다."

청교도들은 가정을 사회의 기본적인 단위인 동시에 하나의 교회로 보았다. 그들은 남편을 목사로 아내를 전도사로 하는 작은 교회라고 주장했다. "남편의 의무는 가족을 신앙으로 이끌고 주일날 그들을 교회에 데리고 가고 가정에서 그날 온종일 성별하도록 감독하고, 자녀에게 교리문답을 하고 믿음을 가르치고 설교를 들은 후에 가족 전체의 시험을 보아 얼마나 기억하고 이해하고 있는지 살펴보고 부족하면 이해시키고, 매일 가정예배를 이상적으로 하루에 두 번

인도하고, 언제나 모든 문제에서 근실한 모범이 되는 것이다."

그리스도인 부모들이라면 자녀들을 그들의 자녀로 만들기보다 하나님의 자녀로 삼기 위해 애쓴다고 믿었다. 설교자들은 가정을 경건한 가정으로 유지할 것을 강조하였다. 청교도들의 신앙생활에서 가장 중요시 여기는 것은 무엇보다 가정예배의 실천이다.

영국 청교도들에게 큰 영향력을 행사한 바 있는 윌리엄 퍼킨즈는 가정의 영적인 건강을 유지하기 위하여 하루 2번 이상의 가정예배를 드릴 것을 제안하였다. 퍼킨즈의 교훈을 따라 청교도들은 아침과 저녁으로 매일 2회 이상의 가정예배를 드리면서 경건을 실천하였다.

아침과 저녁에 온 식구가 모여 가정예배를 드리면서 청교도들은 아침예배 때에는 하루 동안 있게 될 일들을 위하여 기도하였고, 저녁예배 때에는 하루 동안 베풀어 주신 하나님의 은혜를 감사하는 기도를 드렸다. 즉 아침 기도시간에 가장은 가족의 모든 죄를 고백하면서 죄의 용서를 구하고 하나님의 은혜에 대해 감사하는 예배를 드리면서 하루 동안 있게 될 일을 위하여 기도하였다

제6장

청교도와 국가관계

사회관

청교도들은 삶의 현실에 영향을 미치게 하는 사회에 대하여 진지한 태도를 취했다. 청교도들은 오늘 우리에게 그리스도인으로서 사회적 책임을 일깨워 준다. 하나님과 하나님의 백성의 사업에 필요할 때 개인의 재산, 개인의 시간, 개인의 생명까지도 기꺼이 희생해야 했다. 하나님과 서로에게 완전히 복종하라고 권고한다. 개인의 유익보다 전체의 유익에 더 치중하고 사회적 평등사상이 있었다. 인간들은 서로가 필요하며 서로 사랑하기 위해 불평등으로 창조하였다고 전했다.

청교도들의 공동체 이상은 실제로 실현되지는 못했지만 오늘날 미국의 문화적 발전 여러 면에서 큰 영향을 끼쳤다. 이와 같은 사상은 그리스도의 명령이다(눅 10장). 청교도들의 노동은 하나님의 영광을 위해 맡겨졌다는 것이다. 사람의 노동은 하나님께서 주신 소명에 의해 결정된 것이며 자신의 직무에 전념함으로 하나님께서 존귀하게 보실 수 있는 수단으로 노동을 수행했다.

청교도들은 돈을 악한 것으로 보지 않았으나 부자가 된 것을 조심했다. 왜냐하면 물질의 부자가 되기 위한 계획들은 "하나님을 부인하게 하고 하나님을 멸시하며— 여호와가 누구냐"고 말할 수 있기 때문이다.

국가관

칼뱅주의는 정부와 종교를 하나의 것으로 보지는 않는다. 그러나 청교도인들은 국가와 종교의 공존에 깊이 관심을 가졌다.

모세는 광야에서 하나님께 간구하기를 민족을 용서해 주시고 차라리 자기 이름을 생명책에서 지워 버려 달라고 할 정도로 민족을 사랑했으며 사도 바울은 마음속에 숨길 수 없는 큰 고통이 있는 것은 자신의 형제 골육을 위하여 자신이 저주를 받을지라도 이스라엘이 구원받기를 소망했다.

청교도들은 정치, 철학, 입법 등이 하나님의 말씀에 기초를 두도록 노력을 하였다. 그러므로 정부는 진리와 정의의 보존과 증진을 위해서 교회와 협력해야 했다.

교회와 국가의 관계에 있어서 청교도들은 교회와 국가는 모든 인류를 위해 하나님의 섭리 가운데 극히 중요한 요소들이라고 생각했다. 다시 말하면 청교도는 신성한 정부를 추구한다. 교회와 국가는 동반자이지만 동일한 속성을 갖고 있지는 않다.

그러므로 세속 영역은 국가에서 영적 영역은 교회에서 다스리되 국가는 교회를 보호해야 한다고 청교도는 말한다. 교회는 국가가 정의의 실현과 자유와 평등과 인권을 존중하도록 권면하고 노력해야 한다.

개혁 운동

청교도들은 개혁 운동을 창조 질서의 회복으로 이해하였다. 하나님은 이 세상을 창조하실 때 가정과 교회, 그리고 정부라는 창조 질서를 세우셨다. 즉 하나님은 이 사회를 유지하는 최초의 단위로 먼저 가정을 세우시고 인간이 범죄하면서 죄 문제를 해결하기 위하여 교회를 세우시고 죄를 억제하는 수단으로 정부를 세우셨다. 청교도들은 이와 같은 창조의 질서들을 하나님이 원래 세우신 목적을 따라 그 기능을 회복함으로 뜻이 하늘에서 이루어진 것과 같이 땅에서도 이루어지는 하나님이 다스리는 나라가 올 수 있다고 생각하였다. 곧 가정과 교회 그리고 정부에 하나님의 말씀이 다스리므로 그곳에 하나님의 나라가 이루어져 간다는 것이다.

따라서 청교도들은 개혁 운동이란 가정의 개혁에서 출발하여 교회를 하나님의 말씀이 다스리는 곳으로 만들고, 사회의 모든 영역에 하나님의 말씀이 지배하도록 해야 한다고 역설하였다. 하나님의 나라를 이 땅에 임하도록(마 6:10) 하기 위해서는 사탄에 의하여 왜곡된 질서를 바로 잡는 일이 요구된다. 하나님이 다스리는 나라는 사탄의 지배가 정지되는 곳에서 이루어지기 때문이다.

그러므로 사탄의 세력이 파멸되고 하나님의 통치가 이루어지기 위해서는 하나님의 말씀에 의한 창조 질서의 개혁이 이루어져야 한다. 그러면 무엇을 개혁함으로 효과적으로 하나님의 나라가 오게 할 수 있는가? 어떤 이는 하나님 나라가 오게 하려면 먼저 사회의 개혁이 이루어져야 한다고 주장한다. 그러나 다른 이는 먼저 개개인이 하나님 앞에서 바로 서면 하나님이 다스리는 사회가 된다고 주장한다.

그러나 청교도들은 하나님의 나라가 사회의 개혁이나 개개인의 변화에 의하여 이루어진다는 데 부정적인 입장을 취하였다. 왜냐하면 사회 구조적인 개혁은 혁명을 동반하여야 하고, 개개인의 구원의 강조는 극단적인 개인주의 또는 이기주의로 나아갈 수 있기 때문이다. 그러므로 그들은 진정한 개혁이란 위의 두 견해를 동시에 포용하는 데서 가능하다고 주장하였다.

그러면 어떻게 개인의 구원과 사회의 구원이라는 상호 배타적인 견해를 수용할 수 있는가? 청교도들에 의하면 개인 구원이나 사회 구원은 어떤 것에 시간적인 우선권을 주는 것이 아니라 논리적인 순서를 강조하는 데 가능하다고 본 것이다. 즉 어떤 기관의 개혁을 먼저 강조해야 한다는 것이다.

다른 말로 한다면 청교도들은 하나님이 다스리는 사회를 이루기 위해서는 먼저 가정이 하나님의 말씀에 지배를 받고, 그러한 가정들이 모여 교회를 이룰 때 교회는 하나님의 말씀에 의하여 지배를 받는 교회가 될 수 있고 하나님의 말씀을 실천하는 교회들이 모인 사회는 하나님의 말씀이 다스리는 국가가 될 수 있다고 생각하였다.

그러므로 청교도들은 사회를 개혁하기 위해서는 먼저 가정이 개혁되어야 한다고 주장하여 그들의 가정을 하나님의 말씀과 성령이 다스리는 가정을 만들기 위하여 모든 노력을 기울였다.

결론

결론

 역사학 관점에서 보는 청교도 운동이란 단순하게 영국의 신앙적 경건 운동 및 개혁 운동에만 그치는 것이 아니고 미국의 신앙적 경건 운동의 모태가 되었다는 데 그 의미를 둔다. 청교도 운동은 성경에 있는 말씀과 그들의 신앙생활이 일치되며 매일 매일의 삶이 성스러워 하나님께 영광을 돌리며 살아가는 성숙한 성도가 될 것을 강조하는 신앙 운동이다. 신학적으로 볼 때 청교도들은 당시에 칼뱅주의 사상과 정책을 따르는 동시에 초대와 중세 시대에 유행했던 금욕주의를 특별히 선호했다.

 청교도라는 말은 영국에서 시작되었다. 1517년 종교개혁을 추종하는 그룹을 독일에서는 개신교(Protestant), 네덜란드에서는 개혁(Reformed), 프랑스에서는 휴그노트(Huguenot) 그리고 영국에서는 청교도(Puritan)라고 불렸다. 청교도들은 미국을 청교도 정신 국가로 만들려고 많은 노력을 하였다. 이 청교도들의 후손들이 나중에 회중교회(Congregational Church) 그리고 침례교회(Baptist Church)를 창설하는 원동력이 되었다.

청교도 운동은 본문에서 설명한 것처럼 Mayflower를 타고 영국의 Plymouth를 떠나 미국 동북쪽의 Cape Cod의 Provincetown에 정착했다. 그들은 그 후 매사추세츠에 이주하기 전에 처음으로 청교도 서약을 체결하였는데 자기들의 조국인 영국을 떠났으나 배반할 생각은 없었으며 오히려 조국에 충성하며 자유로운 신앙생활을 추구한 것을 짐작할 수 있다.

서약의 내용은 아래와 같다. 1) 영국 왕에 충성을 다하며 2) 아메리카 대륙에 식민지 건설을 할 것을 기약하고 3) 자치사회를 형성하여 질서와 안전을 도모하며 4) 평등한 법률을 만들어 여기에 종속할 것을 맹세한다.

여기서 영국 왕에 충성한다는 표현은 비록 영국을 떠나 미국 땅에 왔지만 아직도 영국 시민이므로 잘 보호해 줄 것을 호소하는 것이고 식민지 건설을 한다는 표현은 아직도 영국 강대국의 국민으로서의 자존심을 나타낸 것이고 미국 땅에 사는 사람들을 미개인으로 취급하는 영국인의 근성이 남아 있는 인상을 준다. 그리고 자치사회의 형성과 평등한 법률은 장차 민주주의 정책의 기초를 이루려는 것이라고 할 수 있다.

영국성공회의 종교정책을 판단하는 여러 종류의 그룹이 있었는데 간추리면 다음과 같다. 성공회의 정책을 그대로 순종하는 파를 순응파(Conformist)라고 했고 반대하는 파를 불순응파(Nonconformist, Dissent)라고 일컬었는데 청교도들은 이 불순응파에 속한다. 그리고 성공회에 남아서 성공회의 정책을 비판하는 그룹을 잔류파(Non-Separatist)라고 하고 성공회를 떠나서 성공회 정책을 비판하는 그룹을 분리파(separatist)라고 불렀다.

청교도들은 미국에 이주한 이후에 다음과 같은 신앙 간증을 하였다. "하나님이 우리를 영국에서 뉴잉글랜드로 보내주시고 생활 터를 마련해 주시고 예배를 드릴 장소를 허락해 주실 뿐 아니라 시민 정부를 세워주시고 그 다음으로 후세 자손들을 교육할 배움의 전당을 마련해 주신 것에 감사한다."

청교도들이 중심이 되어 세워진 고등 교육기관인 하버드 대학교(Harvard University: 1636)는 청교도 목사인 John Harvard 목사가 창설한 대학으로 미국에서 가장 오래된 대학으로 알려져 있으며 미국의 대통령을 8명이나 배출하고 자산이 무려 $51billion이나 되는 최고의 대학교이다. 이후에 또 회중교회에서 세운 대학이 Yale 대학교(Yale University: 1701)이다. 5명의 대통령이 Yale 대학 출신이고 자산은 무려 $40billion을 초과하고 미국에서 세 번째로 오래된 대학이며 미국에서 최초로 Ph.D.(1861)를 수여하는 대학교가 되었다.

또 한편 종교적인 면에서 본다면 미국에 이주한 청교도들은 영국과 같이 국교를 원치 않고 또 모든 기독교 종파들이 공존하기를 원했던 것이다. 미국 청교도의 교회 체제의 특징을 보면 1) 국가교회 체제를 부정하고 2) 개인의 신앙과 양심 그리고 종교의 자유를 주장하며 그리고 개인의 성경 중심 신앙을 강조한다. 3) 자유의지를 강조하는 동시에 이에 대한 개인의 행동에 대한 책임을 엄격하게 실천하고 그리고 이 실천을 위해서 철저히 금욕적 윤리관을 강조한다. 4) 웨스트민스터 신앙고백서를 다른 개신교 교파보다 제일 먼저 사용했다는 것이다. 웨스트민스터 신앙고백서는 개신교의 최고의 신앙고백서로 아직도 세계의 개신교 교단들이 자주 사용하고 있는 신앙고백서이고 신조이다.

신학자 James Packer는 "청교도들은 성숙한 기독교인의 모델이며 그들은 신학적 통합성을 추구해 왔고 또 영적 표현의 질이 뛰어나다. 또 가정생활의 안전을 위한 프로그램도 만들었으며 또 인간 가치에 대한 지각도 뛰어났다."고 표현했다.

엘리자베스 여왕 시대의 Thomas Samson은 "청교도들에 대해서는 그 누구도 잘못을 찾을 수 없는 교리와 성서 생활을 중요시 여긴 형제들이다. 청교도들은 이 세상의 성자(Worldly Saints)들이다. 그들은 세속의 오염으로부터 격리된 거룩한 양심의 소유자들이다." 라고 칭찬을 아끼지 않았다.

신학자 Martin Lloyd Jones(1899-1901)는 청교도들을 다음과 같이 묘사했다. "200년 교회 역사 속에서 성경 밖에서 발견할 수 있는 가장 성경적인 사람들이다. 성경에 가장 가까운 삶을 살았던 사람들이다."

청교도들이 성공회의 정책에 반대해 온 이유 중의 하나는 성공회 창설 당시에 성공회 사제 가운데는 의외로 글을 읽을 줄 모르는 까막눈도 많았다는 것이다. 그들은 설교 없이 의식만 거행하는 사제일 뿐이었다. 반대로 청교도들은 칼뱅신학에 몰두하였으므로 상당한 지식을 가지고 있었다고 전한다. 청교도 교인들의 신앙생활의 특징은 신앙 양심의 자유이며 교회 헌법은 따로 없다. 이런 면에서는 칼뱅주의의 제도적인 정책과 상이하다. 개개인의 신앙 양심의 자유를 허락하지만 동시에 개인적인 사명감과 책임을 강조한다. 청교도 목사들은 성령의 인도하심을 받아 그들의 신앙 양심의 자유에 따라 자유롭게 설교하도록 허락되어 있다. 그러나 개인의 사견이 아닌 예수님의 권세 아래서의 신앙 양심과 공평성이다. 그 기준은 목사의 설교가 성경에 위배되는가를 알아보는 것이다.

위에서 간단히 설명했듯이 청교도들이 유대인 못지않게 강조하는 것 중의 하나는 바로 안식일(주일)을 엄숙히 지키는 것이다. 초대교회 시대는 안식일의 날짜 문제로 토요일(유대교 배경의 크리스천)을 안식일로 주장하는 파와 비유대인인 소위 이방인으로 크리스천이 된 그룹이 주일을 안식일로 정하는 파와 논쟁이 있었다. 그러나 청교도는 주일을 천국 잔치에 참여하는 날로 정하고 거룩하게 지내야 한다고 결정을 하고 특히 자녀들에게 안식일을 잘 지키도록 어렸을 때부터 훈련을 했다는 것이다.

청교도들은 안식일에 대하여 웨스트민스터 신앙고백서의 대교리문답에 의존하고 있다. 청교도들의 안식일 엄수는 지금의 개신교 신앙생활에도 막대한 영향을 주었다. 미국의 모든 교파뿐 아니라 영국에서도 장로교, 회중교회 그리고 감리교회 교인들의 신앙생활의 기초를 잡아주는 역할을 하였다.

다음으로 청교도 신앙생활의 기초는 어떻게 구성되었는가? 첫째로 스위스 연방의 교회 개척자들인 칼뱅, 츠빙글리 등을 중심으로 생겨난 신학과 신앙이다. 특히 칼뱅은 가톨릭의 교황 1인 체제에서 벗어나 교회의 대표자들이 교회를 운영하는 시스템을 받아들였다. 청교도들은 종교개혁자들이 주장한 것처럼 하나님의 영광과 절대주권을 강조하고 성경의 최고 권위성과 가톨릭의 화체설(성찬 때 먹는 떡과 포도주가 그리스도의 몸과 피로 변화한다는 설) 그리고 루터의 공제설(떡과 잔을 마실 때 그리스도가 임재한다는 설)을 배격했다. 츠빙글리의 기념설(떡과 잔을 마실 때 그리스도께서 우리를 위해 십자가에 죽으심을 기념한다는 설) 그리고 칼뱅이 주장하는 떡과 포도주를 마실 때 그리스도께서 영적으로 임하신다는 설에 가깝다고 볼 수 있다. 그리고 칼뱅은 떡과 잔을 마실 때 성찬 참여자들이 초신비적으로 그리고 전인격적으로 그리스도와 연합하는 그리스도와의 연합설을 내세웠다.

청교도들의 성찬설은 츠빙글리나 칼뱅의 성찬설에 가까우면서도 칼뱅보다는 츠빙글리의 기념설에 가깝다고 보는 것이 더 신빙성이 있다. 청교도들은 성공회의 성찬설이 가톨릭과 가까운 것을 싫어해서 형식이 없는 츠빙글리의 기념설에 기울었다고 볼 수도 있다. 그리고 성공회가 거의 매 주일 성찬식을 거행하는 형식에 반대하여 일년에 몇 번씩 거행하는 것을 원했다.

청교도 신학은 성경을 우선 기초로 하지만 다양한 면도 있는, 동시에 통일성을 유지하고 있다. 청교도 신학이 반대하는 것은 1) 가톨릭 신학 2) 반삼위일체론 3) 알미니우스 이론(예지예정론자) 4) 반율법주의 등이다. 특히 반율법주의자들을 반대하는 이유는 율법주의도 필요하다는 것이다. 청교도들은 율법과 복음을 이분법으로 받아들였다. 구약의 율법이 완전하지 못한 것을 신약의 복음이 완성시킨다는 것이다.

청교도들은 성경의 중요성을 다음과 같이 지적한다. 1) 성경은 가톨릭/성공회 사제들뿐 아니라 누구에게도 열려져 있다. 교회에서 가정에서 학교에서 등 어디서나 열려져 있다. 주님과의 교제를 위하여 인간의 언어로 열려져 있다. 2) 성경은 매일 우리에게 영적인 가르침을 준다. 3) 성경의 힘을 체험함으로 예수 그리스도의 제자로 살아갈 수 있다. 4) 청교도들은 성경을 기초로 한 설교를 매우 중시여겼다. 성공회의 형식적인 예배 예식을 떠나 목사들의 설교를 예배의 중심으로 삼았다. 목사들은 설교를 위해서 성경을 많이 연구했고 매번의 설교를 죽기 전의 마지막 설교인 것처럼 정성을 들였다.

설교의 내용은 1) 하나님께 영광을 돌리는 것이고 2) 의지할 대상이 구원의 대상인 그리스도이고 3) 설교를 통해서 삶의 방향을 경건과 거룩함에 이르게 하는 것이고 4) 철저한 소명의식을 깨닫게 해주고 5) 건전한 가정생활을 강조하고 6) 세상의 쾌락과 사치에 물들지 않게 하는 것이었다. 이렇게 설교하는 목사들은 어느 누구보다도 성경적인 삶의 모범이 되었고 성도들도 동시에 모범적인 신앙생활을 하기에 이르렀다. 청교도들이 항상 강조하는 것은 경건하고 거룩한 삶을 살기 위해 그들에게 주어진 의무를 반드시 실천하는 것이었다.

현대의 교회들의 예배는 지나치게 실용적이고 청중의 현대적 감각에 맞추어 감으로써 인본주의나 세속화에 물이 들게 되고 어떤 규칙도 없이 성경을 현실 감각에 맞게 마음대로 해석하는 경향으로 흘러가고 있다. 공식적인 예배가 아니고 Para Church(정식교회가 아니고 회당을 빌려 예배하고 옷차림도 자유스럽게 하는 하나의 pop 그룹과 같은 예배 형식이다)가 유행이다.

오늘날 교단 중심의 교회는 점점 쇠약해지고 그 대신 Para Church가 유행하면서 독립적인 대형 교회 지도자들의 횡포가 날로 심해져서 기독교가 본래의 모습을 상실하는 시대에 다가왔다. 이런 대형 교회들은 어떤 교단에 속해 있지 않고 그리스도의 물질적 축복만을 강조하는 교회로 기하급수적으로 생겨나고 담임 교역자들은 억대의 재산과 자가용 비행기와 레저용 배를 가지고 대저택에 살고 있으며 종교 단체의 이름으로 세금도 내지 않는다.

이러한 현상에 비해 청교도들은 경건하고 말씀 중심의 교회를 지향하고 대형 교회가 되기를 원치 않고 가정 중심의 교회를 선호하고 있다. 사도행전에 나오는 초대교회들처럼 신약성경에 가장 충실한 교회를 세우고자 하였다. 오늘날 가정이 점점 붕괴하는 현상은 결국 사회와 국가의 붕괴를 초래한다. 가정 파괴, 이혼, 동성애 및 계약결혼 등을 자유화함으로써 국가는 윤리적 혼란을 불러오고 있다. 사회를 구성하는 가장 기본이 되는 것이 가정이므로 청교도들은 자녀들에게 철저하고 엄숙한 교육을 시키려고 노력을 많이 했다.

최근에는 미국 대법원이 낙태를 각 주에서 자동적으로 실행하도록 허락을 했고 가톨릭교회의 수장인 교황도 동성애에 대한 특별한 입장을 밝히지 않고 있다. 반면에 청교도의 신앙 교육은 성경을 통해 인간과 세상, 죄와 그리고 구원 문제 등 전인격적인 교육을 실시하려고 많은 노력을 기울였다. 한 가지 청교도들이 비판을 받는 것은 구약의 율법을 너무 많이 신약적으로 도입하여 적용하고 해석한다는 것이다. 이런 면에서는 칼뱅의 신학과 신앙을 많이 벗어난 느낌을 준다. 자녀들을 엄격하게 교육시키기 위해서는 구약의 율법을 많이 인용할 수밖에 없었다는 것이다.

청교도들의 성경 해석법은 거의 동일했다. 성경을 정확무오한 하나님의 말씀으로 믿으며 하나님의 말씀에 따라 삶의 영역을 개혁한다는 것이다. 청교도들의 신앙은 사변적, 지적인 만족을 위해서가 아니라 신앙적인 만족을 위해서다.

청교도들의 신앙의 기초는 1) 하나님의 말씀의 감동적인 깨달음과 2) 깨달음과 동시에 말씀을 생활에 적용하는 것이다. 청교도들의 신앙관과 현재 교회들의 신앙관의 차이는 현재 교회들이 세속적인 가치관을 가지고 성경을 자의적으로 해석하여 설교를 하려고 하는 문제이다. 이 결과로 세속적 가치관이 교회를 이끌어 오기 때문에 목회자들과 교회가 고전을 면치 못하는 것이다.

미국 대각성 운동의 선구자인 조나단 에드워드도 성경의 내용을 생활에 적응하는 것을 잊지 않았다. 조나단은 청교도의 영향은 물론 특별히 회중교회의 목사로서 순수한 복음전파와 경건한 신앙생활이 신자들이 해야 할 의무요 책임이라고 말한다.

청교도들의 또 하나의 특징은 교회 성장을 위해 주도적인 역할을 했다는 것이다. 청교도들은 교회 성장이 하나님의 강권적인 역사라고 믿고 있다. 교회의 성장은 성령께서 교회 생활에서 체험하게 하는 것이고 성도들의 침체된 교회 생활을 다시 활기차게 소생시키는 요소라고 믿고 있다. 이러한 성도들의 교회 성장 운동은 먼저 자기의 죄를 깨닫고 회개를 통해서 참된 구원과 그리고 그리스도를 통해서만이 구원이 열려지는 것을 교회 성도들뿐 아니라 이웃들에게 강조하기 위한 것이었다.

조나단 에드워드도 강조하듯이 교회의 성장은 인간의 마음에 대한 하나님의 직접적인 행동이요 하나님의 영광스러운 사역이라고 했다. 청교도들은 성경 말씀과 삼위일체 하나님을 강조했는데 특히 성삼위 각각의 Function을 아주 중요시하였다. 창조주 하나님(성부)과 구원의 주이신 예수그리스도(성자)와 그리고 우리의 생사화복을 주관하시며 우리의 생활 속에 오셔서 역사하시는 보혜사(성령)를 아주 강조했다. 청교도는 구원사역은 성부 하나님의 선택이요, 그리고 성자 하나님의 속죄이며 그리고 성령 하나님이 구원의 대상자에게 특별한 소명을 주신다고 보고 있다. 청교도들은 더 나아가서 그들이 가지고 있는 지성과 열정을 교회 공동체 생활에 쏟아 부었다.

현대 교회는 청교도들에게 여러 가지 면에서 배워야 할 점이 많다 1) 청교도는 이론이 아니라 삶이며, 사변이 아니라 구체적인 내용이며 진리의 피상이 아니라 진리의 심연이며, 우리를 그리스도에게 이끄는 교량 역할을 하는 개신교 신자들이다. 청교도는 어떤 특정한 교단이나 교파에 속하지 않는다. 청교도주의란 하나님께 의존하는 생활이다. 청교도는 율법과 은총을 동시에 인정하는 교리를 주장하고 그리고 교리와 신앙생활이 일치되어야 한다고 믿는다. 그리고 일상생활의 성스러운 삶이 하나님의 영광을 위해서라고 말한다. 청교도들은 이러한 삶을 통하여 하나님의 자녀가 되고 영원한 천국의 상속자들이 된다고 믿는다.

한마디로 말해서 청교도들은 하나님 중심의 신학사상을 중요시한다고 볼 수 있다. 청교도들은 단순히 신앙생활에만 관심을 가지고 있는 것이 아니라 전인격적 생활철학을 주장한다. 성경 말씀에 위배되지 않는 한 모든 영역에 문호를 개방하는 교육을 펼치고 있다. 청교도들의 예배 형식은 칼뱅이 만든 개혁주의 그리고 더 나아가서 장로교 예배 형식에 기초를 두고 있으나 장로교의 예배와는 조금 다르다. 장로교 예배가 지나치게 엄숙한 것을 강조하고 예배 형식이 조직적으로 되어 있는 반면에 청교도 예배의 특징은 순수성(Purity), 단순성(Simplicity) 그리고 경건성(Piety)들이 다른 점이라고 볼 수 있다.

청교도는 단순한 신앙고백의 기준을 가지고 있다. "그리스도께서 나의 주시며 나의 하나님이시다."라고 하는 요한복음 20장 28절을 믿는 사람들은 청교도교인이 될 수 있다. 이 말씀은 본래 도마가 부활하신 그리스도를 만나고 한 신앙고백이었다. 청교도들은 이렇게 신앙고백을 한 성도들을 모아서 하나의 공동체를 이룬 것이다.

청교도 교인들은 공적인 예배와 기도회 그리고 각종 봉사 활동을 통해서 하나님께 영광을 돌리는 교우들과 교제하며 더 나아가서 각 교인들은 하나님이 주신 은혜대로 자신의 재능이나 시간 또는 물질 그리고 기도를 통해서 하나님의 일을 위해 서로 협력하는 것을 목표로 한다. 청교도교인이 된다는 것은 그리스도의 사랑을 우리의 삶과 가정 그리고 우리의 생활 속에서 실천하는 것이다. 그리고 사죄의 은총을 깨닫고 평생 동안 성도의 사명을 완수하는 의무와 책임을 지는 것이다. 그 이유는 이제는 사죄함을 받고 하나님의 자녀로서 천국시민(빌 3:20)이 되었음으로 천국시민으로서의 책임을 감당해야 하기 때문이다.

청교도에서 무형교회를 말하는데 가정예배 무형교회는 보편적인 교회를 말한다. 성령으로 말미암아 세례를 받은 자들은 다 무형교회의 지체들이라고 믿고 있다.

청교도에서 말하는 교회는 다양하다. 청교도 주장은 그리스도 안에서 똑같은 위치가 아니고 능력과 은사가 다르며 믿음의 분량도 다르다. 영적인 건강도 다르므로 구별해야 한다고 한다. 더욱이 청교도들은 하나님으로부터 특별한 신앙의 은사를 받았으므로 구별되어야 함을 주장한다. 잘못하면 유대인들처럼 청교도들도 하나님의 선택된 성도들로 생각하기 쉬울 수가 있다. 그러나 청교도들은 그들의 신앙의 순수성을 주장할지라도 유대인들처럼 선택된 백성으로서의 행동은 자제한다. 청교도에서 교회의 친교는 가장 중요한 기능 중의 하나이다. 청교도들은 책임을 가지고 청교도가 아닌 다른 교인들과도 접촉하여 친교를 가지면서 청교도들의 독특한 신앙의 순수성을 보여주려고 노력한다.

청교도들은 자치권을 강조한다. 청교도 교회들은 자치권을 가짐으로 아주 자유로우며 그들의 행동이나 조직이 비성경적이라고 생각될 때는 그들의 계획을 즉시로 철회한다.

청교도 교회의 최고 권위는 성경 말씀이고 이 말씀이 성도들에게 성령을 통하여 늘 권고하시고 감화시키므로 교회 밖의 어떤 조직의 결정은 단지 충고로 받아들일 뿐 효력은 없다고 말한다.

청교도에는 감독제도, 주교, 교황, 노회, 대회 및 총회 등 전국적인 조직체가 필요 없다. 모든 것은 단지 교회의 권한에 속할 뿐이다. 청교도들의 교회 조직은 초대교회의 교회 조직에 가장 가깝다고 볼 수 있다.

다른 교파와 달리 청교도 교회에 입교하게 되면 그리스도 안에서는 어느 종파를 막론하고 모든 믿는 성도들이 하나라는 포괄적인 신앙을 가지고 있기 때문에 교파에 관계없이 그리스도 안에서 다 형제 자매가 될 수 있다고 청교도는 강조한다. 청교도들은 신조나 교리보다 신앙 확신에 기초를 둔다. 청교도 교인들은 교인들을 서로 묶는 형식적인 조항을 받아들이지 않는다. 그 조항이 중요할는지 모르지만 주 안에서의 지적자유와 개인적 신앙체험을 더 중요시하기 때문이다. 청교도 교회 안에서는 크리스천들의 믿음과 신앙 양심의 자유를 더 강조한다. 신앙 양심을 특별히 강조하는 것은 성령의 은사가 각자마다 서로 다르기 때문이라고 말한다. 그러므로 성도들은 자기가 받은 은사대로 주님을 섬겨야 한다는 것이다.

청교도교인들의 의무는 무엇보다 1) 신실한 신앙을 가질 것 2) 정규적으로 예배와 교회 모임에 참석할 것 3) 정기적으로 기도할 것 4) 선교프로그램, 사회사업, 교육 및 의료사업에도 충실하고 5) 가난하고 외롭고 병든 자들을 친절히 보살필 것 6) 엄격히 자신의 성격을 신앙으로 다스릴 것 등이다.

청교도의 제도 중에 가장 우선으로 여기는 것은 올바른 가정관이다. 가정은 하나의 신앙 단체이고 정부이고 교회라고 청교도들은 믿고 있다. 결혼이 매우 중요시되고 이혼은 하나님의 계명에서 벗어나는 것이라고 보고 있다. 그리고 배우자를 사랑하되 신앙의 방해를 받을 정도로 사랑해서는 안 된다고 본다. 사랑보다 하나님에 대한 신앙이 더 중요하다고 보고 있다. 가정은 교회의 양성소로 보고 있다. 경건한 가정생활을 통해 자녀들을 올바로 훈육해야 하는 것이 부모들의 의무요 책임이라고 청교도는 강조한다.

경건한 가정생활을 위해서는 가정예배를 통해서 매일 아침저녁으로 하나님의 말씀으로 훈육하고 자녀들의 장래를 위해 기도해 주도록 권고하고 있다. 가정은 하나님이 세우신 최초의 창조 질서이다. 가정은 교회보다 먼저 생겼고 국가제도보다 앞서서 다스려져야 한다고 강조하며 올바른 가정제도는 모범적인 부부와 부모의 신앙생활에서 비롯된다고 본다.

결혼제도는 어느 제도보다 신성하므로 모든 청교도들은 결혼해야 한다고 주장한다. 가톨릭이 경건을 핑계로 성직자의 결혼을 금하고 있다. 가톨릭은 부부생활이 성직자들이 추구하는 금욕을 깨는 것이며 금욕을 깨는 것을 죄라고 본다. 이 같은 성직자의 독신생활(Celibacy)은 성경의 교훈을 오해하는 것이라고 반박하고 있다. 하나님은 한 남자와 한 여자를 창조하여 짝을 이루어주어 축복하셨다고 청교도들은 굳게 믿고 있다. 성공회 사제들은 가톨릭과 달리 결혼이 허락되어 있다.

청교도들의 결혼관은 대략 다음과 같다. 청교도들은 가톨릭과 달리 하나님이 가정을 세운 목적은 반드시 종족 보존에만 있다고 보지는 않는다. 왜냐하면 하나님은 인류에게 "생육하고 번성하고 땅에 충만하라"(창 1:28)는 하나님의 말씀도 중요하지마는 그러나 결혼을 통하여 가정을 이루어 하나님께 가정 단위로 충성하는 단계에 불과하다고 본다. 결혼을 하고도 자녀를 갖지 못한 데에는 그만한 이유가 있기 때문이라고 생각하기 때문에 자녀를 가지는 것을 반드시 하나님의 축복과 연결 지어서는 안 된다고 본다. 자녀가 없이도 부부 생활을 잘하는 가정도 많고 자녀들이 없으므로 그들의 시간을 오히려 복음 전파 및 선교에 더 충실하게 사용할 수 있다고 본다. 사실상 결혼을 했기 때문에 자녀를 가질 권리가 있다고 보기보다도 오히려 부부들에게 결혼의 선물로 자녀를 허락한 것이라고 청교도들은 믿고 있다.

The Puritanic Movement in the Historical Context

There are many different opinions among the scholars about the identity of the Puritans. They may be the people who tried to live a pure and clean life. Their method of Christian life may be different other Christians. Some scholars suspect that they may be specially chosen people from God like Jewish people.

However, most of the scholars agree that the roots of the Puritans are from the Calvinistic reformed movement.

They also strongly believe that the Bible is the guide of their Christian life as Luther and Calvin used the Bible for their Religious Reformation.

In the beginning, the Puritans were English Protestants in the 16th century who sought to rid the Church of England of what they considered to be Roman Catholic practices, maintaining that the Church of England had not been fully reformed and should become more Protestant. Puritanism played a significant role in English and early American history, especially during the Protectorate.

In general, Puritans were dissatisfied with the limited extent of the English Reformation and with the Church of England's toleration of certain practices associated with the Roman Catholic Church. They formed and identified with various religious groups advocating greater purity of worship and doctrine, as well as personal and corporate piety.

Puritans adopted a covenant theology, and in that sense they were Calvinists. They insisted that any established church needed to create a godly nation, while others advocated church's separation from the nation. Any established state church should entirely be in favor of autonomous gathered churches. These Separatist and Independent strands of Puritanism became prominent in the 1640s, when the supporters of a presbyterian polity in the Westminster Assembly were unable to forge a new English national church.

Around 1630, Puritans were in alliance with the growing commercial world, with the parliamentary opposition to the royal prerogative, and with the Scottish Presbyterians with whom they had much in common. Consequently, they became a major political force in England and came to power as a result of the First English Civil War(1642-1646).

Unfortunately, almost all Puritan clergy left the Church of England after the restoration of the monarchy in 1660 and the 1662 Uniformity Act. Many continued to practice their faith in nonconformist denominations, especially in Congregationalist and Presbyterian churches. The nature of the Puritan movement in England changed radically. In New England, it retained its character for a much longer period.

As it is known, Puritanism was never a formally defined religious division within Protestantism, and the term Puritan itself was rarely used after the turn of the 18th century. Some Puritan ideals, including the formal rejection of Roman Catholicism, were incorporated into the doctrines of the Church of England; others were absorbed into the many Protestant denominations that emerged in the late 17th and early 18th centuries in North America and Britain. The Congregational Churches, widely considered to be a part of the Reformed tradition, are descended from the Puritans. Moreover, Puritan beliefs are enshrined in the Savoy Declaration, the confession of faith held by the Congregationalist churches.

In the seventeenth century, the word Puritan was a term applied not to just one group but to many. Historians still debate a precise definition of Puritanism. Originally, Puritan was a pejorative term characterizing certain Protestant groups as extremist. Puritans, then, were distinguished for being "more intensely protestant than their protestant neighbors or even the Church of England". As a term of abuse, Puritan was not used by Puritans themselves. Those referred to as Puritan called themselves terms such as "the godly", "saints", or "God's children".

"Non-separating Puritans" were dissatisfied with the Reformation of the Church of England but remained within it, advocating for further reform; they disagreed among themselves about how much further reformation was possible or even necessary. Others, who were later termed "Nonconformists", "Separatists", or "separating Puritans", thought the Church of England was so corrupt that true Christians should separate from it altogether.

One must understand that Puritans should not be confused with other radical Protestant groups of the 16th and 17th centuries, such as Quakers, Mennonites, who believed that individuals could be directly guided by the Holy Spirit. They gave precedence to direct revelation over the Bible.

In 1559, the Church of England was established as a Protestant church and brought the English Reformation to a close. During the reign of Elizabeth I(r. 1558-1603), the Church of England was widely considered a Reformed church, and Calvinists held the best bishoprics and deaneries. Nevertheless, it preserved certain characteristics of medieval Catholicism, such as cathedrals, church choirs, a formal liturgy contained in the Book of Common Prayer, traditional clerical vestments, and episcopal polity.

The main complaint Puritans had was the requirement that clergy wear the white surplice and clerical cap. Puritan clergymen preferred to wear black academic attire. During the vestments controversy, church authorities attempted and failed to enforce the use of clerical vestments. While never a mass movement, the Puritans had the support and protection of powerful patrons in the aristocracy.

During the middle of 1570s, the primary dispute between Puritans and the authorities was over the appropriate form of church government. Many Puritans believed that the Church of England should follow the example of Reformed churches in other parts of Europe and adopt presbyterian polity, under which government by bishops would be replaced with government by elders. But all attempts to enact further reforms through Parliament were blocked by the Queen. Despite such setbacks, Puritan leaders continued to promote Presbyterians through the formation of unofficial clerical conferences that allowed Puritan clergymen to organize and network. This covert Puritan network was discovered and dismantled during the 1580s. For the remainder of Elizabeth's reign, Puritans ceased to agitate for further reform.

Eventually, the accession of James I to the English throne brought the Puritan manifesto of 1603 for reform of the English church. Many of James's episcopal appointments were Calvinists. Puritans still opposed much of the Roman Catholic summation in the Church of England, notably the Book of Common Prayer, but also the use of non-secular vestments(cap and gown) during services, the sign of the Cross in baptism, and kneeling to receive Holy Communion. Some of the bishops under both Elizabeth and James tried to suppress Puritanism, though other bishops were more tolerant. In many places, individual ministers were able to omit disliked portions of the revised Book of Common Prayer.

The Puritan movement in England was driven over decades by emigration and inconsistent interpretations of Scripture, as well as some political differences that surfaced at that time.

The Westminster Assembly was called in 1643, assembling clergy of the Church of England. The Assembly was able to agree to the Westminster Confession of Faith doctrinally, a consistent Reformed theological position. The Directory of Public Worship was made official in 1645, and the larger framework(now called the Westminster Standards) was adopted by the Church of Scotland. In England, the Standards were contested by Independents up to 1660.

The Dissenters divided themselves from all other Christians in the Church of England and established their own Separatist congregations in the 1660s and 1670s. An estimated 1,800 of the ejected clergy continued in some fashion as ministers of religion.

Some Puritans left for New England, particularly from 1629 to 1640(the Eleven Years' Tyranny under King Charles I), supporting the founding of the Massachusetts Bay Colony and other settlements among the northern colonies. The large-scale Puritan migration to New England ceased by 1641, with around 21,000 people having moved across the Atlantic. This English-speaking population in the United States was not descended from all the original colonists, since many returned to England shortly after arriving on the continent, but it produced more than 16 million descendants.

This so-called "Great Migration" is not so named because of sheer numbers, which were much less than the number of English citizens who immigrated to Virginia and the Caribbean during this time, many as indentured servants.

The rapid growth of the New England colonies(around 700,000 by 1790) was almost entirely due to the high birth rate and lower death rate per year. They formed families more rapidly than did the southern colonies.

Puritan hegemony lasted for at least a century. The Puritans in the Colonies wanted their children to be able to read and interpret the Bible themselves, rather than must rely on the clergy for interpretation.

The instruction and training of children were considered heavy responsibilities, and parents prayed that children would become a source of glory to their Lord.

Within five years after its founding, Massachusetts established schools for children. Every child should learn to read so he could read the Bible. As one Massachusetts law stated, "It being one chief project of that old deluder, Satan, to keep men from the knowledge of the Scriptures… schools should be established."

In 1635, they established the Boston Latin School to educate their sons, the first and oldest formal education institution in the English-speaking New World. They also set up what were called dame schools for their daughters, and in other cases taught their daughters at home how to read. As a result, Puritans were among the most literate societies in the world.

Young boys were brought up in their father's trade to be industrious while girls were taught to be homemakers, but literacy was encouraged for both sexes since it was believed that everyone should be able to read the Bible.

In social life, attending the theater, at any time, was prohibited as were games of chance like dice. Alcohol was allowed but drunkenness severely frowned upon. Sex was encouraged only within marriage, and both husbands and wives were expected to be able to sexually satisfy each other. Women were considered spiritually and morally inferior to men as they were tainted by the spirit of Eve who had caused the Fall of Man in the Garden of Eden, they but were to be respected and cared for as homemakers and bearers of children.

In 1636 the colony established Harvard College, especially

to train ministers. The earliest rules for Harvard testify to the Christian commitment expected: Let every student be plainly instructed and earnestly pressed to consider well the main end of his life and studies is, to know God, and Jesus Christ which is eternal life(John 17:3). And therefore, to lay Christ in the bottom is the only foundation of all sound knowledge and learning.

By the time of the American Revolution there were 40 newspapers in the United States(at a time when there were only two cities-New York and Philadelphia-with as many as 20,000 people in them). The Puritans also set up a college(now Harvard University) only six years after arriving in Boston.

Some strong religious beliefs common to Puritans had direct impacts on culture. Puritans believed it was the government's responsibility to enforce moral standards and ensure true religious worship was established and maintained. Education was essential to every person, male and female, so that they could read the Bible for themselves. However, the Puritans' emphasis on individual spiritual independence was not always compatible with the community cohesion that was also a strong ideal.

At a time when the literacy rate in England was less than 30 percent, the Puritan leaders of colonial New England believed children should be educated for both religious and civil reasons, and they worked to achieve universal literacy.

In 1642, Massachusetts required heads of households to teach their wives, children and servants basic reading and writing so that they could read the Bible and understand colonial laws. In 1647, the government required all towns with 50 or more households to hire a teacher and towns of 100 or more households to hire a grammar school instructor to prepare promising boys for college. Boys interested in the ministry were often sent to colleges such as Harvard(founded in 1636) or Yale(founded in 1707). Aspiring lawyers or doctors apprenticed to a local practitioner, or in rare cases were sent to England or Scotland.

Puritans in both England and New England believed that

the state should protect and promote true religion, and that religion should influence politics and social life. Certain holidays were outlawed when Puritans came to power. In 1647, Parliament outlawed the celebration of Christmas, Easter. Puritans strongly condemned the celebration of Christmas, considering it a Catholic invention.

Puritans also objected to Christmas because the festivities surrounding the holiday were seen as impious(English jails were usually filled with drunken revelers and brawlers). During the years that the Puritan ban on Christmas was in place, semi-clandestine religious services marking Christ's birth continued to be held, and people sang carols in secret. Following the restoration in 1660, when Puritan legislation was declared null and void, Christmas was again freely celebrated in England. Christmas was outlawed in Boston since 1659. The ban was revoked in 1681 by the English-appointed governor Edmund Andros, who also revoked a Puritan ban on festivities on Saturday nights. Nevertheless, it was not until the mid-19th century that celebrating Christmas became fashionable in the Boston region.

Attempting to force religious and intellectual homogeneity on the whole community, civil and religious restrictions were most strictly applied by the Puritans of Massachusetts which saw various banishments applied to enforce conformity, including the branding iron, the whipping post, the hangman's noose. Swearing and blasphemy were illegal. In 1636, Massachusetts made blasphemy-defined as "a cursing of God by atheism, or the like"-punishable by death.

Puritans were opposed to Sunday sport or recreation because these distracted from religious observance of the Sabbath. In an attempt to offset the strictness of the Puritans, James I's Book of Sports(1618) permitted Christians to play football every Sunday afternoon after worship. When the Puritans established themselves in power, football was among the sports that were banned: boys caught playing on Sunday could be prosecuted. Football was also used as a rebellious force: when Puritans outlawed Christmas in England in December 1647 the crowd brought out footballs as a symbol of festive misrule.

Other forms of leisure and entertainment were completely forbidden on moral grounds. For example, Puritans were universally opposed to blood sports such as bearbaiting and cockfighting because they involved unnecessary injury to God's creatures. For similar reasons, they also opposed boxing. These sports were illegal in England during Puritan rule.

While card playing by itself was generally considered acceptable, card playing and gambling were banned in England and the colonies, as was mixed dancing involving men and women as "promiscuous dancing"-because it was thought to lead to fornication. Folk that did not involve close contact between men and women was considered appropriate. The branle dance, which involved couples intertwining arms or holding hands, returned to popularity in England after the restoration when the bans imposed by the Puritans were lifted. In New England, the first dancing school did not open until the end of the 17th century.

Puritans condemned the sexualization of the theatre and

its associations with depravity and prostitution-London's theatres were located on the south side of the Thames, which was a center of prostitution. A major puritan attack on the theatre was the "sin" of the dramatic performance. Puritan authorities shut down English theatres in the 1640s and 1650s-Shakespeare's Globe Theatre was demolished-and none were allowed to open in Puritan-controlled colonies.

In January 1643, actors in London protested the ban with a pamphlet titled The Actors remonstrance or complaint for the silencing of their profession, and banishment from their several playhouses. With the end of Puritan rule and the restoration of Charles II, theatre among other arts exploded, and London's oldest operating theatre, Drury Lane in the West End, opened in 1663.

Puritans did not oppose drinking alcohol in moderation. However, in 1634 the "abominable" practice of individuals toasting each other's health was prohibited.

Spouses were disciplined if they did not perform their

sexual marital duties, in accordance with 1 Corinthians 7 and other biblical passages. Women and men were equally expected to fulfill marital responsibilities. Women and men could file for divorce based on this issue alone.

In Massachusetts colony, which had some of the most liberal colonial divorce laws, one out of every six divorce petitions were filed based on male impotence. Puritans publicly punished drunkenness and sexual relations outside marriage. Couples who had sex during their engagement were fined and publicly humiliated. Men, and a handful of women, who engaged in homosexual behavior, were seen as especially sinful, with some executed.

While the practice of execution was also infrequently used for rape and adultery, homosexuality was seen as a worse sin. Passages from the Old Testament, including Lev 20:13, were thought to support the disgust for homosexuality and efforts to purge society of it. New Haven code stated, "If any man lies with man, as a man lies with a woman, both of them have committed abomination, they shall surely be put to death" and in 1636 the Plymouth Colony adopted a set of laws that included a sentence of death for sodomy.

The Puritan rule in England was marked by limited religious toleration. The Toleration Act of 1650 repealed the Act of Supremacy, Act of Uniformity, and all laws making recusancy a crime. There was no longer a legal requirement to attend the parish church on Sundays(for both Protestants and Catholics). In 1653, responsibility for recording births, marriages and deaths was transferred from the church to a civil registrar. The result was that church baptisms and marriages became private acts, not guarantees of legal rights, which provided greater equality to dissenters.

The 1653 Instrument of Government guaranteed that in matters of religion "none shall be compelled by penalties or otherwise, but endeavors be used to win them by sound Doctrine and the Example of a good conversation". Religious freedom was given to "all who profess Faith in God by Jesus Christ" However, Catholics and some others were excluded.

No one was executed for their religion during the Protectorate. In London, those attending Catholic mass or Anglican holy communion were occasionally arrested but released without charge. Many unofficial Protestant congregations, such as Baptist churches, were permitted to meet. Quakers were allowed to publish freely and hold meetings. They were, however, arrested for disrupting parish church services and organizing tithe-strikes against the state church.

In New England, where Congregationalism was the official religion, the Puritans exhibited intolerance of other religious views, including Quaker, Anglican and Baptist theologies. The Puritans of the Massachusetts Bay Colony were the most active of the New England persecutors of Quakers, and the persecuting spirit was shared by the Plymouth Colony and the colonies along the Connecticut river.

Four Quakers, known as the Boston martyrs, were executed. The first two of the four Boston martyrs were executed by the Puritans on 27 October 1659, and in memory of this,

27 October is now International Religious Freedom Day to recognize the importance of freedom of religion. In 1660, one of the most notable victims of the religious intolerance was English Quaker Mary Dyer, who was hanged in Boston for repeatedly defying a Puritan law banning Quakers from the colony. The hanging of Dyer on Boston Common marked the beginning of the end of the Puritan theocracy. In 1661, King Charles II explicitly forbade Massachusetts from executing anyone for professing Quakerism. In 1684, England revoked the Massachusetts charter, sent over a royal governor to enforce English laws in 1686 and, in 1689, passed a broad Toleration Act.

Anti-Catholic sentiment appeared in New England with the first Pilgrim and Puritan settlers. In 1647, Massachusetts passed a law prohibiting any Jesuit Roman Catholic priests from entering territory under Puritan jurisdiction.

Any suspected person who could not clear himself was to be banished from the colony; a second offense carried a death penalty.

Puritanism has attracted much scholarly attention, and as a result, the secondary literature on the subject is vast. Puritanism is considered crucial to understanding the religious, political, and cultural issues of early modern England. In addition, historians such as Perry Miller have regarded Puritan New England as fundamental to understanding American culture and identity.

Puritanism has also been credited with the creation of modernity itself, from England's Scientific Revolution to the rise of democracy. In the early 20th century, Max Weber argued in The Protestant Ethic and the Spirit of Capitalism that Calvinist self-denial resulted in a Protestant work ethic that nurtured the development of capitalism in Europe and North America. Puritan authors such as John Milton, John Bunyan continue to be read and studied as important figures within English and American literature.

A debate continues the definition of "Puritanism". English historian Patrick Collinson argues that "There is little point in constructing elaborate statements defining what, in ontological terms, puritanism was and what it was not, when it was not a thing definable in itself but only one half of a stressful relationship." Puritanism "was only the mirror image of anti-puritanism and to a considerable extent its invention: a stigma, with great power to distract and distort historical memory." Historian John Spurr writes that Puritans were defined by their relationships with their surroundings, especially with the Church of England. Whenever the Church of England changed, the definition of a Puritan also changed.

The analysis of "mainstream Puritanism" in terms of the evolution from it of Separatist and antinomian groups that did not flourish, and others that continue to this day, such as Baptists and Quakers, can suffer in this way. The national context(England and Wales, as well as the kingdoms of Scotland and Ireland) frames the definition of Puritans, but was not a self-identification for those Protestants who saw the progress of the Thirty Years' War from 1620 as directly bearing on their denomination, and as a continuation of the religious wars of the previous century, carried on by the English Civil Wars. English historian Christopher Hill writes of the 1630s, old church lands, and the accusations that William Laud was a crypto-Catholic:

To the heightened Puritan imagination it seemed that, all over Europe, the lamps were going out: the Counter-Reformation was winning back property for the church as well as souls: and Charles I and his government, if not allied to the forces of the Counter-Reformation, at least appeared to have set themselves identical economic and political objectives.

Puritans and Mayflower

The Mayflower is the name of the cargo ship that brought the Puritan separatists(known as pilgrims) to North America in 1620. It was a type of sailing ship known as a carrack with three masts with square-rigged sails on the main and foremost, three decks(upper, gun, and cargo), and measured roughly 100 feet long and 25 feet wide. The pilgrim passengers, and those not affiliated with the group, were quartered on the gun deck(also known as the Tween Deck as it was in-between the other two) which, with the 8 small cannons, 4 medium cannons, and other considerations, was reduced to a living space of roughly 70 feet overall. The 30 or so crew members and captain quartered on the upper deck in the forecastle and aft castle, which also held pens for animals.

Goods for the voyage were stored in the cargo hold, and passengers traveled in the tween. There were no windows on the tween deck and the ceiling was only 5 feet high, with no latrines and no private rooms; these were the living conditions for the 102 passengers on their journey from 6 September to 11 November AD 1620.

The captain of the Mayflower was Christopher Jones who commanded a crew of 30 men and was contracted by one Thomas Weston(in the interests of the Puritan separatists living in Leiden, the Netherlands, to transport them to the New World to found their own settlement). The English colony of Jamestown, Virginia was thriving and their original destination was north of Jamestown, just below the Hudson River Valley in the region of present-day New York State, which was then part of the English Virginia Patent, but weather and lack of supplies forced their landing in present-day Massachusetts at Plymouth.

The pilgrims under John Carver Edward Winslow and William Bradford, and the others not of their group, signed the Mayflower Compact upon their arrival at Plymouth, a set of laws all agreed to live by which would inform those that came later and established the Plymouth Colony which would eventually become absorbed by the Massachusetts Bay Colony, forming the basis of present-day New England in the United States.

The Puritan interpretation of Christianity would influence the development of that religion in the early English North American colonies and the later United States and continues to through the present day. The Plymouth Colony also has provided the United States with some of its most enduring cultural myths, referenced annually in November through the celebration of Thanksgiving since the 19th century.

The pilgrims who subjected themselves to the Atlantic crossing on the Mayflower were religious separatists(including Puritans) whose beliefs were inspired by the Protestant Reformation in its earliest years and, especially, the theology of Jean Calvin the French philosopher, theologian, and reformer whose interpretation of Christianity informs Congregationalist, Presbyterian, and Reformed sects of Protestant Christianity in the modern era.

Other Puritans led their people to the Netherlands, establishing themselves first in Amsterdam and then at Leiden. James I of England was not only the reigning monarch but also head of the Church of England who empowered the clerics with the right under the law to persecute separatists and others who caused dissension. He initiated talks with the government of the Netherlands to have the Leiden congregation repatriated to England or be allowed to come and collect them, and these requests were granted as the separatists were known as religious elitists and troublemakers on the secular level.

Around 1618, the spiritual mentor of the Puritans and a highly respected member of the Leiden congregation, William Brewster, published a tract highly critical of the king and his church, which brought English authorities with orders to arrest him. The congregation hid Brewster but understood they needed to take drastic measures to distance themselves from James I's reach.

For the lives of the Puritans in Leiden, Netherlands were far from satisfactory anyway. Their congregation had been labeled and was suspect, and further, as foreigners in a land controlled by guilds favoring citizens, they could only hold the lowest-paying jobs. Bradford had been a wealthy landowner in England; in Leiden, he could only find work as a weaver. They understood their best chance of living their faith freely was to obtain charter to establish a colony in North America, but there was no way the authorities of James I would grant them one.

There was a way around this, however, by appealing to a wealthy investor's religious sentiment and greed. The English colonization of North America was initiated by Queen Elizabeth I of England.

The evangelical justification for colonization gave rise to

middlemen(known as merchant adventurers) willing to solicit funds for an expedition to the New World after the success of the tobacco crop of Jamestown had made so many shareholders of the Virginia Company millionaires and, of course, after so many Native Americans had been "saved" through conversion, after 1611. Among these was Thomas Weston who put together a joint-stock venture for the Virginia Company to finance the Leiden congregation's exodus from the Netherlands to the Americas, negotiating with two members of the congregation, Robert Cushman and John Carver.

Richard Warren, another Stranger, traveled alone on the Mayflower, leaving his wife, Elizabeth, and five daughters back home to wait for the second trip. In all, they would have seven children, all of whom, against the odds, lived to adulthood. Among their descendants are several notable individuals including author Ernest Hemingway.

Stephen Hopkins was one of the survivors of the shipwreck of the Sea Venture in Bermuda bringing supplies to Jamestown in 1609, traveled to Jamestown afterwards and assisted in the organization of the settlement, returned to England, and then traveled back to the New World on the Mayflower with his second wife, three children, and two servants. His son, Oceanus Hopkins, was born on the Mayflower but died seven years later.

William Brewster traveled with his wife Mary and their children and would be among the very few to survive the first winter and, in fact, live past the age of 60 in the colony. John Carver, like Brewster, was another member of the congregation who helped negotiate funding for the expedition and was elected the first governor of the colony; William Bradford would become the second governor and chronicler of the Plymouth Colony.

These are only a few of the 102 passengers and approximately 30 crew members aboard the Mayflower, which was around twelve years old at the time, not built for passenger service, and used mostly for short turn-around trade voyages between England and France. It would hold its own on the open seas, but the voyage would not be easy or pleasant. The Atlantic Ocean was especially rough in the autumn months and, having taken aboard the passengers of the Speedwell, provisions would be limited. Even so, there is no record of any of the passengers hesitating even though the trip meant living below deck in dim light, no privacy, and with no promise they would ever reach their destination.

The trip began calmly with good winds and a calm sea but grew increasingly difficult the further they traveled. The seas were rough with waves sometimes towering high over the ship and crashing against the sides, but they only lost two people(both to disease), one of the crew and a servant of the doctor Samuel Fuller. John Howland, one of John Carver's servants, was swept overboard but saved himself by clinging to a rope until he was rescued by crew members. Scholar Rebecca Fraser comments on the trip:

The journey lasted just over two months. From between decks where the passengers lived, they could see and smell the sea and hear the dash and smash of the ship |to travel on such a perilous journey required the greatest trust and confidence in one another.

They arrived at modern-day Provincetown Harbor toward the northernmost tip of Cape Cod in the cold of 11 November 1620. The pilgrims had purchased maps made by Captain John Smith of Jamestown fame, who had also traveled to and mapped this area, and they had hoped to reach the final destination of the Hudson Valley or Virginia, but a lack of supplies, and the prospect of more rough seas and dangers, persuaded them to settle here, across the bay from where they had first sighted land, at a place named New Plymouth by John Smith, present-day Plymouth, Massachusetts.

Before dropping anchor or preparing to go ashore, they composed and signed the Mayflower Compact, an agreement between the puritan pilgrims and the Strangers to abide by common laws in the new colony for the collective good of all. It was signed by 41 of the male passengers aboard, and then the anchor was released, and they lowered the boats for shore.

Once on land, the puritan pilgrims led the others in a service of gratitude to God for their safe passage and the prospect of a successful colony in what they regarded as a where they could worship and live freely without fear of persecution. The weather was much colder than they had anticipated, and they spent the first night with little shelter, wet from the sea, in near-freezing conditions. They soon realized that the New World was nothing like they had expected. The so-called First Encounter they had with natives was hostile and they had arrived too late to plant any crops and so had no way of procuring food other than taking what they found from deserted Native American villages.

By the time the first winter was over, the pilgrims had lost over 50% of their people and Captain Jones' crew was equally reduced. Small huts were built for shelter but many of the pilgrims wintered aboard the Mayflower where disease spread easily while those who remained ashore often succumbed to the cold. None of the party would have survived without the intervention of the Native American Tisquantum(better known as Squanto tribe).

Squanto was the last of his tribe since most had been killed by disease brought by the European settlers who founded the Popham Colony in the region of present-day Maine in 1607 and then furthered by others arriving between then and 1614. Some of whom, such as the notorious Captain Thomas Hunt, made the situation worse by kidnapping as many natives as he could and selling them as slaves in the West Indies. Squanto had been one of these but had escaped to England and knew the language and so was able to instruct the pilgrims in how to grow the staples of corn, beans, and squash, which enabled the survivors of the first winter to continue and establish the colony. He would die of the same European-borne diseases that had killed the rest of his tribe two years after the pilgrims arrived.

The pilgrims survived, however, and would celebrate their arrival in the New World and all the Native Americans had done for them with a feast on the one-year anniversary of their arrival in autumn of 1621. Captain Jones had long since left for England by then, and the pilgrims had built homes and established crops to keep them alive through the next winter.

This first feast, mentioned by Bradford and Winslow, would later be institutionalized as the United States' national holiday of Thanksgiving by President Abraham Lincoln.

Captain Christopher Jones died in 1622 after returning from one of his trade runs to France, and the Mayflower then lay at anchor in the port at Rotherhithe-on-Thames for two years as it steadily rotted. In 1624, it was sold as scrap for approximately 130 pounds, which was divided between the other owners and Jones' widow. According to traditional accounts, parts of the ship were used to build the so-called Mayflower Barn in Buckinghamshire, England but this claim has been repeatedly challenged. Whatever the final fate of the Mayflower's remains, however, its name lives on as the iconic ship that brought the pilgrims to the New World to establish their vision of a land of promise where one could live and worship freely.

The purpose of the puritans' coming to North America was to worship freely without fear of persecution, but they were not interested in the religious freedom of others. Though not a theocracy, Puritans demanded strict adherence to proper behavior(as defined by the Puritans) from its citizens. Native Americans were considered in dire need of salvation and so missionaries were sent to convert the neighboring tribes which resulted in so-called 'praying Indians' who were no longer welcomed by their people and were considered inferiors by the Puritans and so were relegated to a kind of no man's land in between the two.

Those of other faiths were persecuted by the Puritans just as the Puritans had once been by the Anglican Church back in England. Jews, Catholics, Anglicans, and other Christian sects were considered hell-bound, but none more so than the Quakers. The Quakers inspired especially harsh persecution because they believed a spark of the divine light was present in everyone and so every person was worthy of respect. This contradicted the central Puritan belief in the 'elect' and themselves as God's chosen people. The intolerance of the Puritans and their persecution of non-Puritans led to further migrations by these groups(and by other Puritans who were more tolerant and open-minded) to surrounding regions which became the states of Rhode Island, Connecticut, Vermont, New Hampshire, and Maine. The original constitutions of some of these states were influenced and inspired by the Puritan separatist document, the Mayflower Compact, which established the government of the Plymouth Colony and then served as a model for others.

Theology of Puritanism

Theology of Puritanism is rather simple. It is totally based on the contents of the Bible. Besides the Bible, most of the contents are borrowed from Calvins's reformed theology.

The Puritans refused to compromise their faith, believing the Bible was God's word and one should live as closely to the model of Jesus Christ and his twelve disciples as one could. To the Puritans, any aspect of religious observance or personal behavior that did not appear in the Bible, or at least could be justified by it, was not of God and should be rejected. The

Anglican Church's insistence on retaining the position of bishops, using the Book of Common Prayer, allowing priests to wear vestments like Catholic priests, burning incense during worship services, and allowing music went to convince the Puritans that the Church was corrupt and under the influence of Satanic powers.

Puritans held that there was nothing more important in life than one's religious belief which dictated how one comforted oneself in this world and gave one hope of salvation and eternal life in the next. Their belief in pre-determinism meant that they could not actually know if they were 'saved' as that was known only to God, but they could act in a way befitting one of the elects whom God had already chosen. They believed in what is known as Covenant Theology, a quid pro quo relationship between the individual and God in which a believer acted in accordance with God's will as be given in the Bible and God rewarded the believer's efforts.

In keeping with their beliefs that every area of life should be molded by Christian principles; the Puritans saw all honorable work as a means of glorifying God. All of life was God's, and there was no distinction between secular and sacred work. God calls each person to a particular vocation or occupation, and the Christian should act as a careful steward of the talents and gifts God has given him. Working in one's calling or vocation as a means of serving God and men. Idleness was considered a great sin; diligence in one's calling was a virtue.

After settling in America, the first thing that the Puritans did is the keeping the sabbath day holy. It is known as Sabbatarianism. The strict observance of the Sabbath during which God was to be one's sole focus and no work could be done, nor any leisure activity pursued. The pulpit became the focal point of worship services because the sermon was considered its most important aspect in accordance with the biblical admonition. So, then faith comes by hearing, and hearing by the word of God(Romans 10:17).

The Puritans believed that worship service is important enough to reserve at least one full day out of the week, and the original Puritan settlers joyfully devoted Sunday to the Lord.

Sermons were central to the intellectual life of the Puritans, and they rarely were less than an hour in length. Times of prayer could also be as long. Hymns were not allowed in the earliest Puritan worship; only psalms or paraphrases of other Scriptures were sung. The first book printed in America was the Whole Book of Psalms(or Bay Psalm Book), a metrical version of David's psalms printed in 1640.

This theological view did not in any way endear the Puritans to James I or most members of the Anglican Church. Moderate Puritans continued to serve in the Church in the early years of James I's reign, but the fundamentalists formed their own congregations and met secretly, especially the so-called separatists who believed one needed to leave the Anglican Church completely to save one's soul. These secret meetings were illegal, and when a congregation was discovered, its members were persecuted.

Conclusion

The Puritans who settled in New England laid a foundation for a nation unique in world history. Their beliefs had a significant influence on the subsequent development of America. A large portion of later pioneers and westward settlers were descendants of these early Puritans. Their values and principles, though sometimes secularized and removed from their religious foundations, continued to mold American thought and practices in the next centuries.

김득해
역사학 관점에서 본 청교도 운동

초판 인쇄 2025년 8월 10일
초판 발행 2025년 8월 15일

지은이 김득해
발행인 이노나
펴낸곳 산사나무
주　소 서울특별시 종로구 창덕궁길 146-1, 302호
전　화 010-8208-6513
이메일 sansanamu22@hanmail.net
출판등록 제2022-000122호

저작권자 ⓒ2025, 김득해
이 책의 저작권은 저자에게 있습니다. 서면에 의한 저자의 허락 없이
내용의 일부를 인용하거나 발췌하는 것을 금합니다.

저자와 협의, 인지는 생략합니다.
잘못된 책은 바꿔 드립니다.

ISBN 979-11-989899-3-2　03230

값 16,000원